看透财报

财报

做复杂商业世界里的明白人

［日］西山茂◎著

朱悦玮◎译

北京时代华文书局

图书在版编目（CIP）数据

看透财报 / （日）西山茂著；朱悦玮译 . — 北京：北京时代华文书局，2023.3
ISBN 978-7-5699-4935-3

Ⅰ . ①看… Ⅱ . ①西… ②朱… Ⅲ . ①会计报表－会计分析 Ⅳ . ① F231.5

中国国家版本馆 CIP 数据核字 (2023) 第 023795 号

北京市版权局著作权合同登记号 图字：01-2020-7063

SENMONKA IGAINO HITONOTAMENO KESSANSHO & FINANCE NO KYOUKASHO
by Shigeru Nishiyama

拼音书名 | KANTOU CAIBAO

出 版 人 | 陈　涛
策划编辑 | 张超峰
责任编辑 | 张超峰
责任校对 | 薛　治
封面设计 | 红杉林文化
版式设计 | 贾静洁
责任印制 | 訾　敬

出版发行 | 北京时代华文书局 http://www.bjsdsj.com.cn
　　　　　北京市东城区安定门外大街 138 号皇城国际大厦 A 座 8 层
　　　　　邮编：100011　电话：010-64263661　64261528
印　　刷 | 三河市嘉科万达彩色印刷有限公司　0316-3156777
　　　　　（如发现印装质量问题，请与印刷厂联系调换）
开　　本 | 710 mm×1000 mm　1/16　印　张 | 21.5　字　数 | 290 千字
版　　次 | 2023 年 9 月第 1 版　　印　次 | 2023 年 9 月第 1 次印刷
成品尺寸 | 165 mm×240 mm
定　　价 | 98.00 元

前 言

"数字的问题交给财务专业人士就行了。"

很多人都是这样想的吧。确实，制作财务报表、分析财务报表上的数字、利用数字做业绩评估和决策等，都需要仰仗财务专业人士。

但完全依赖别人、完全交给别人去做真的好吗？

我认为，从事企划、经营、研发、制造等业务的人也应该"大致"了解经营相关数字的意义和使用方法。

因为在商业活动的现场，利用包括数字在内的各种信息，从综合的角度做出决策非常重要。

事实上，当人们面对收购、新事业的投资、现有事业的分析、把握竞争对手以及客户企业的状况等课题时，除了以战略、市场、人力资源管理等为基础进行定性分析之外，还需要以会计和金融为基础进行定量分析。

大多数的企业家在这个时候都会召集各个领域的专家，让他们从各自的专业角度进行分析。这样做的结果就是专家提出的都是有深度但缺乏广度的意见，综合这种意见做出的决策和判断很难说是最佳的。

为了避免做出不好的决策，各领域的专业人士也应该大致了解其他领域的知识，与其他领域的专家一起讨论，在此基础上做出综合判断。

对组织来说，最理想的状态是尽量多培养具有综合素质的领导者。

这样的领导者能够充分地理解并活用数字，从而客观且全面地对商业活动进行分析。

此外，领导者通过将数字与现场相结合做决策还具有以下的优点：

①使数字拥有实际的意义

②更加准确地描述现场的情况
③使预测的数字更加准确

很多人对会计和财务的专业术语以及大量的数字感到头疼，针对这样的读者，本书对经营相关的数字做了详细说明。

首先，本书介绍与经营相关的数字中最重要的部分。与经营相关的数字大致可以分为会计和金融两部分，而会计又可以分为与财务报表相关的财务会计和与公司内部经营管理相关的管理会计两部分。本书囊括了上述三个领域的重要内容，读者只要掌握了这些内容，就可以成为对财务数字和经营现场都了如指掌的综合型人才。

其次，为了便于大家学习和理解，本书选取了财务会计 8 个主题、金融入门 8 个主题、管理会计 6 个主题，共计 22 个主题，每个主题都用一个故事开篇，帮助大家将学习的重点内容融入商业活动的场景中。此外，在各主题的文章中，特别重要的内容都用下划线标出，让大家一目了然。

在各个主题的最后，重要的内容都会逐一列举出来，便于大家复习。不想过于深入了解会计与金融相关内容的读者，可以只看这部分内容。

最后，本书拥有非常丰富的案例，可以帮助大家更好地理解书中的内容。除了各个主题中介绍的企业案例之外，还有一到两个现实企业的案例，它们非常有助于大家培养将商业活动现场与经营数字结合到一起的实践力。

对于领导者以及将来希望成为领导者的人来说，拥有一定程度的数字力是必不可少的。希望大家能够将本书读到最后，成为拥有强大数字力的领导者。

在执笔本书的过程中，东洋经济新报社的黑坂浩一为我提供了宝贵的帮助。从本书的构思到实际完成大约花了两年的时间，在这么长的时间里黑坂先生一直不离不弃，并且提供了许多宝贵的建议。本书之所以能够顺利出版，黑坂先生可以说厥功至伟。借此机会向黑坂先生致以最诚挚的感谢！

希望本书能让更多的人掌握会计与金融的知识，成为"虽然不是财务专家但也拥有数字力"的领导者。

西山茂

2019 年 6 月

基础知识

会计与金融的区别
和一体化

▶ **企业的立场，投资者的立场，
站在不同的立场上使用数字**

与经营相关的数字，大致分属会计和金融两个领域。本书囊括了这两个领域中领导者必须了解的重要内容。让我们先来看一看会计与金融的区别。

会计是站在企业的立场上使用数字。具体可以分为两个方面，一个是与财务报表（资产负债表、损益表、现金流量表）相关的**财务会计**，另一个是与企业经营管理相关的**管理会计**。也就是说，会计是一门站在企业的立场去活用数字，以便对外说明业绩、对内经营管理的学问。

金融则是站在企业外部的投资者（资金提供者）的立场上使用数字。上市企业从股东、银行以及债券持有者手中获取资金来开展事业。因此，企业必须理解投资者的想法，采取能够获取投资者信任的经营方式，最终实现提高企业价值、提高总市值和股价的目标。在这个领域里活用数字的学问就是金融。

综上所述，虽然会计和金融都要使用企业的数字，但在立场上却是截然不同的。

财务会计、管理会计、金融的一体化

会计和金融虽然不同，但最近却有一体化的趋势。

比如在金融领域，评估企业价值与股东价值的时候经常使用 DCF（Discounted Cash Flow：现金流贴现）法。用 DCF 法评估企业价值与股东价值时，需要计算企业将来可能产生的现金流量并将其转变为现值。

最近这种 DCF 法也开始被应用于财务会计领域的减值会计中。减值会计是指土地、建筑、设备等有形固定资产以及收购时发生的无形资产商誉（Goodwill）低于该资产现有的账面价值时，在会计上对资产的减值情况进行确认的核算。在对"价值减少"的幅度进行评估时就需要用到 DCF 法。**这就是金融与会计一体化的例子。**

此外，企业用于向外部进行报告的财务报表，会根据事业区域整理成分区信息，用于企业内部的经营管理。**这是管理会计与财务会计一体化的例子。**

在企业内部的经营管理中，关于收购、事业投资、设备投资额等项目的评估，也经常要用到金融的方法。比如用来评估项目究竟能够有多少盈利的 NPV（Net Present Value：净现值）法，以及对年平均利润率进行评估的 IRR（Internal Rate of Return：内部收益率）法。**这是管理会计与金融一体化的例子。**

由此可见，财务会计、管理会计、金融这三者的一体化趋势已经非常明显。作为领导者，对上述三者有整体的把握是非常必要的。

目　录

6　KPI 应该如何设定？　　312

01
02
03

第一章

从财务报表入手，
发现企业经营的实况

【财务会计】

资产负债表、损益表、现金流量表，这 3 个财务报表要如何利用？

会计是站在企业的立场上使用数字，其中的财务会计是为了"向外界报告"而使用数字。在财务会计领域，我们需要学习的是资产负债表、损益表、现金流量表。它们究竟由哪些内容组成呢，应该如何对其进行分析呢？

1 资产负债表透露出的信息

故 事

收购、商誉、无形固定资产、有形固定资产……为什么难以理解？

昨天，食品生产企业 Z 社的财务负责人向企业管理者做了一次业绩说明。

因为现有的事业计划顺利展开，海外的收购也取得了成效，所以企业成功实现了盈利。新上任的营业部部长宫川对此感到十分欣慰。

不过，在财务负责人的说明中，也有一些宫川难以理解的内容。在此之前，他一直认为"这些内容和自己没什么关系，而且对工作也没有直接影响，所以不用太在意"。现在他升任为部长，前几天还在杂志上看到"不了解数字的领导者没有未来"的文章，于是他很想搞清楚这些内容究竟是怎么回事。

宫川在制定预算和实际工作中经常会用到损益表，而且损益表与营业收入、利润等有直接的关系，所以他理解起来没什么难度。

但资产负债表他就完全看不懂了。财务负责人说的应收账款、存货资产增加、商誉增加、借贷增加等，究竟是什么意思呢？这些数字增加到底是好事还是坏事呢？

为了搞清楚心中的疑问，宫川邀请和自己同期升任财务部部长的风间一起吃午餐，届时向他请教。

资产负债表是决算日数字的纪念照片

资产负债表又称 BS（Balance Sheet）是企业决算日数字的纪念照片。换句话说，就是用几个项目的数字来呈现企业在决算日这个时间点上的状况。

资产负债表包括以下的内容（图表 1—1）：

图表1—1　资产负债表的概念图

决算日数字的纪念照片

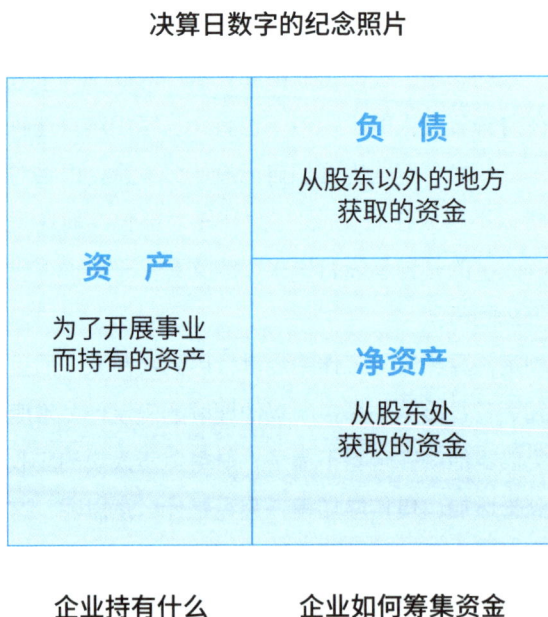

| | 负　债
从股东以外的地方
获取的资金 |
| 资　产
为了开展事业
而持有的资产 | 净资产
从股东处
获取的资金 |

企业持有什么　　　企业如何筹集资金

右侧表示企业在决算日时间点的资金筹集情况。

左侧表示企业用这些资金都投资了什么。

其中右侧又分为两部分：

从股东处获取的净资产。

从股东以外的地方获取的负债。

最有代表性的负债就是贷款。而左侧表示企业持有资产的部分则包括许多内容。比较有代表性的包括以下内容：

现金存款、土地、设备等企业为了开展事业而持有的金钱、权利或物品。

通过资产负债表，我们大致能够看出企业的两个关键信息：一个是企业的安全性，另一个就是企业的事业结构。首先让我们来看一看安全性。

"和这家企业交易没问题吗？"
——了解企业的安全性

绝大多数的企业是按照变现难易度从低到高的顺序排列左侧资产项目的（图表1—2）。

排在最上面的是现金等非常容易变现的流动资产，接下来依次是变现相对困难的土地、设备等固定资产。从安全性的角度考虑，现金和易于变现的流动资产所占的比例越高，这家企业的安全性就越高。

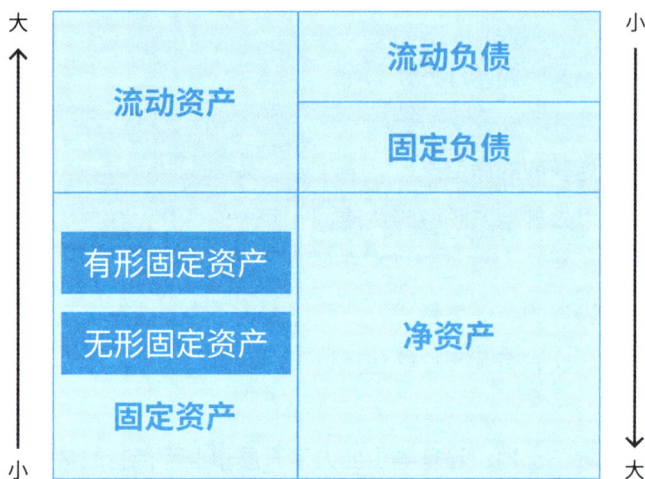

资产负债表左侧上方项目数字越大，下方项目数字越小，安全性就越高。

资产负债表右侧则是按照偿还优先度从高到低的顺序排列项目。从原则上来说，排在最上面的是必须在一年之内偿还的流动负债。接下来依次是不需要在一年内偿还的固定负债，而位于最下方的则是不需要偿还的从股东处获得的净资产。从安全性的角度来考虑，需要立即偿还的流动负债越少，不需要偿还的净资产越多，安全性就越高。

资产负债表右侧上方项目数字越小，下方项目数字越大，安全性就越高。

在IFRS（International Financial Reporting Standards：国际财务报告准则）中，经常将固定资产称为非流动资产，固定负债称为非流动负债，资产按照非流动资产、流动资产，负债按照非流动负债、流动负债的顺序记录。在这种情况下，判断企业的安全性需要注意项目顺序上的差异。

此外，有的企业虽然左侧上方项目的数字很小，但右侧下方的数字很大，也就是说存在左右两侧安全性不一致的情况。在这种情况下，我们需要结合左右两侧的具体内容对安全性进行综合评估。

从确认基础安全性的角度来说，把握净资产在全部资产中所占的比率也有非常重要的意义。像生产企业、零售业、服务业的净资产一般占全部资产的30%～40%。比如丰田汽车的净资产比率就是39.6%（2019年3月期）。

净资产比率大于50%的企业安全性极高，净资产比率小于10%的企业则比较危险。

顺带一提，在被鸿海精密工业收购之前，夏普的净资产比率只有2.3%（2015年3月期）。从安全性的角度对财务数据进行分析时，净资产比率是一项非常重要的指标。

"这家企业开展了哪些商业活动？"
——了解企业的事业结构

再来看事业结构。

与事业相关的内容，主要集中在资产负债表的左侧。通过对左侧记载的资产的构成比例进行分析，我们就能把握该企业的事业结构和特征。

一般来说，位于资产负债表左侧的资产包括：①现金（现金及现金存款、有价证券等都被看作是现金）以及易于变现的流动资产；②土地、建筑以及设备等有形固定资产；③无形固定资产（图表1—3）。分析这三部分所占比例的差异，我们就能看出企业的事业结构和特征。

如果这部分占比较高，说明企业现金流比较充裕或者开展的事业需要较高的营运资本

一般占 1/3 ◄

如果这部分占比较高，说明开展的是设备投资型事业

一般占 1/3 ◄

如果这部分占比较高，说明曾经进行过大规模的收购

一般占 1/3 ◄

流动资产	流动负债
有形固定资产	固定负债
无形固定资产	净资产
固定资产	

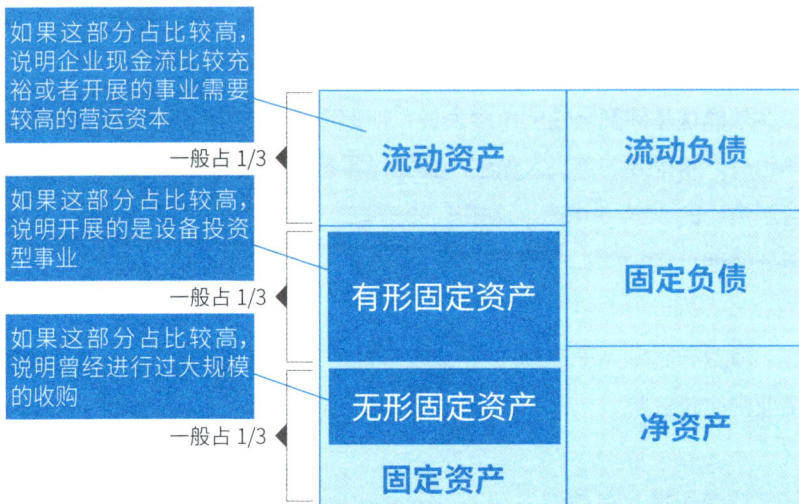

比如现金以及易于变现的流动资产占全部资产的 50%，说明这是一个流动资产非常多的企业。该企业可能存在以下两种情况：

第一种情况是该企业的现金流比较充裕。这种情况常见于长期以来业绩优良，并且没进行过什么投资的企业。

斯巴鲁自 2014 年 3 月期以来，营业利润率一直保持着 10% 的增长势头，因此截至 2019 年 3 月期，斯巴鲁拥有大约 1 万亿日元的现金（现金、现金存款以及有价证券的总和），占全部资产的 32%。虽然斯巴鲁在此期间也进行了一些投资，但营业利润远远超出了投资所消耗的资金。在今后可能发生巨大转变的汽车行业中，拥有充足的现金使斯巴鲁具备了应对各种情况的坚实基础。

第二种情况是该企业拥有大量应收账款和存货资产，需要较高的营运资本。拥有大量存货的物流中心，以及产品销售出去之后需要过一段时间才能拿到账款的批发商等都属于第二种情况。

营运资本指的是企业在每天的运营中所需要消耗的资金，除了应收账款和存货资产之外，应付账款也属于营运资本。用应收账款加上存货

资产之后再减去应付账款，就是运营事业所需的资金（净营运资本），这个数字越大，说明运营这项事业所需的资金越多。

如果有形固定资产所占的比率超过资产的 50%，则说明该企业属于设备投资型企业。最典型的例子就是以铁路事业为核心的企业和以租赁业务为中心的不动产企业。比如东急电铁的有形固定资产就占其全部资产的 74.3%（2019 年 3 月期），三菱地所的这个数字是 70.8%（2019 年 3 月期）。

无形固定资产所占的比率较高的话，说明该企业曾经进行过收购。无形固定资产中的商誉，是在收购其他企业时为该企业的无形价值（比如营业力、技术力等）追加支付金额的情况下才会被统计的数字。因为商誉只有在收购的时候才会被统计，所以这个项目的数字越大，说明该企业过去收购的规模越大。

近年来，为了取得进一步的发展而积极收购海外企业的日本企业越来越多，因此这些企业的商誉也有增加的趋势。

"潜在的课题是什么？"
——发现企业存在的课题

资产负债表的资产结构与该企业存在的课题之间也有一定的关系。

首先来看一看现金占比较高的情况。像前文中提到的斯巴鲁这样拥有大量现金的企业，面对的首要课题就是如何使用这些现金。简单来说，使用现金的方法有三种：

①用于负债。比如偿还贷款。

②用于资产。比如投资事业。

③用于净资产。比如给股东分红。

上述三者的优先顺序是①→②→③。也就是按照偿还贷款→投资事业→给股东分红的顺序来使用现金是最正确的做法（图表 1—4）。

图表 1—4 现金的使用顺序

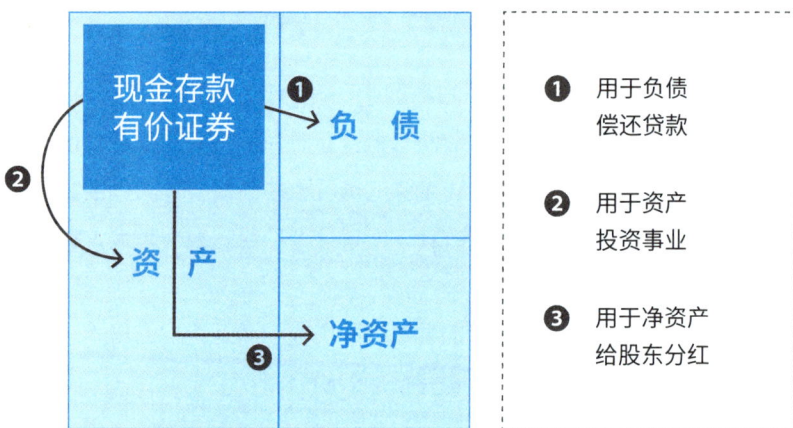

也就是说，如果企业拥有高额的负债，首先用现金偿还贷款，将负债控制在正常区间，然后用现金投资事业，如果还有剩余的话，可以给股东分红。

当然，按照上述顺序使用现金时也不能过于极端，比如在进行充分的事业投资之前一点也不给股东分红。关键在于找到三者之间的平衡。

按照上述内容对斯巴鲁的情况进行分析，因为其已经处于无负债的状态，所以现金的使用方法只剩下投资事业和给股东分红这两种选择。在斯巴鲁于 2018 年 7 月发表的新中期经营计划 STEP ① 中，提出了从 2018 年到 2020 年的 3 年间，将投入 4,000 亿日元用于研究开发、4,500

① STEP: 为 Speed（速度）、Trust（信任）、Engagement（参与）、Peace of Mind（安心）的首字母缩写。

亿日元用于设备投资的计划。

如果没有明确的事业投资计划，也可以考虑用现金给股东分红。总之，**像斯巴鲁这样拥有充裕现金的企业，必须明确现金的使用方针。**

如果是应收账款和存货资产比较多的情况，可能出现不良债权和不良存货的问题，必须对其进行仔细管理。应收账款和存货资产比较多，说明这项事业从采购原材料和零部件到售出商品之间所需的时间很长，而且从售出商品到收到货款之间的时间也很长。

从这个意义上来说，为了尽早获取现金流，**减少回收货款的时间、消化存货的时间和存货的数量就是亟须解决的课题。**

对于有形固定资产较多的设备投资型企业来说，因为拥有设备就会产生大量的固定成本，所以尽可能提高设备的运转率，对设备使用状况进行管理就是最重要的课题。此外，设备投资型企业可能每隔几年就需要进行一次大规模的设备投资，在这个时候，利用 NPV 法和 IRR 法对投资进行仔细核算非常重要。

商誉等无形固定资产较高的情况，意味着该企业进行过大规模的收购。在这种情况下，让收购取得预期的成果就是最重要的课题。

此外，在有形固定资产和无形固定资产占比较高的情况下，与这些资产相关的事业如果业绩不佳，会使有形固定资产和商誉的价值减少，因此必须核算资产减值损失。从这个意义上来说，**当相关事业的业绩不佳时，应该及时采取改善业绩的措施。**

资产减值损失是指因资产的可回收金额低于其账面价值而造成的损失。在核算这部分的损失时经常会用到 DCF 法。

综上所述，企业资产中金额占比较高的部分，说明该企业在这部分投入的资金较多，同时也是企业面对的主要课题。因此，从宏观的视角对资产负债表进行分析具有非常重要的意义。

比较 5 家企业的资产负债表

接下来让我们对比 5 家企业的资产负债表，分析一下这些企业都有怎样的事业特征。

5 家企业的资产负债表

	良品计划	FANUC	阪急阪神控股	ZOZO	阿斯特拉斯制药
	2019 年 2 月期	2019 年 3 月期	2019 年 3 月期	2019 年 3 月期	2019 年 3 月期
资产					
流动资产	65.5%	55.8%	12.3%	73.4%	45.2%
金融资产	21.3%	38.3%	1.2%	27.3%	16.4%
应收债权	3.4%	6.5%	3.8%	34.7%	18.1%
存货资产	34.0%	9.6%	5.3%	7.5%	8.0%
有形固定资产	17.8%	35.4%	72.3%	8.0%	9.1%
无形固定资产	6.3%	0.6%	1.4%	3.9%	34.5%
投资及其他资产	10.5%	8.2%	13.9%	14.7%	11.1%
资产合计	100.0%	100.0%	100.0%	100.0%	100.0%
负债					
流动负债	20.6%	8.3%	16.4%	66.1%	26.2%
应付债务	8.0%	2.3%	2.0%	22.8%	9.8%
贷款和公司债券	4.7%	0.0%	6.4%	27.8%	0.0%
固定负债	4.3%	2.8%	46.5%	5.2%	7.5%
贷款和公司债券	0.2%	0.0%	29.1%	0.0%	0.0%
净资产	75.1%	88.9%	37.1%	28.7%	66.3%
负债和净资产合计	100.0%	100.0%	100.0%	100.0%	100.0%

注: 阿斯特拉斯制药采用的是 IFRS，在这里对相应的项目进行了调整。
出处: 根据各公司的有价证券报告书以及决算信息制作。

良品计划

从资产上来看，良品计划的流动资产占比非常高（65.5%）。这是因为其拥有很多的金融资产（21.3%）以及存货资产（34.0%）。对其存货资产的详细内容进行分析后发现，几乎都是从外部采购的商品（如果是自己生产的则被称为产品），由此可见良品计划虽然拥有自己的品牌，但商品主要依赖外部采购。

良品计划的应收债权所占的比例很小（3.4%），说明其作为零售业以现金销售为主。有形固定资产也占比较低（17.8%），说明其并非自建店铺开店，而是以在大型商场中租赁店铺开店为主。因为店铺的押金被包括在投资及其他资产中，所以这部分的占比相对较高（10.5%）。

此外，良品计划的无形固定资产占比很低（6.3%），说明其没有进行过大规模的收购。

再来看负债。良品计划的流动负债与固定负债加起来只有24.9%，占比很低。贷款和公司债券加起来才4.9%。考虑到其拥有21.3%的金融资产，因此良品计划实际上处于无欠款的状态。75.1%的净资产也证明其财务状况十分健康。

FANUC

FANUC的流动资产占全部资产的55.8%。这是因为其拥有较多的金融资产（38.3%）。转变为金额约为6,200亿日元。

因为FANUC是面向企业客户进行生产与销售的企业，需要保持一定的存货，货款也需要一定时间之后才能回收，所以应收债权占6.5%、存货资产占9.6%。此外，由于FANUC需要有工厂进行产品的生产，因此有形固定资产（35.4%）也占了相当一部分的比率。

无形固定资产（0.6%）几乎没有，说明FANUC没有进行过收购。投资及其他资产（8.2%）占有一定比率，主要是对集团企业进行的投资以及有价证券投资。

FANUC 的流动负债与固定负债加起来只有 11.1%，占比非常小。而且其没有贷款和公司债券，属于完全没有欠款的状态。88.9% 的净资产证明其财务状况非常安全。

阪急阪神控股

从资产上来看，阪急阪神控股的流动资产只有 12.3%，占比非常小。这是因为其开展的是铁路与不动产等以有形固定资产为主的事业，以预付金和现金销售为基础，而且几乎不需要存货，所以应收债权（3.8%）和存货资产（5.3%）都非常少，流动资产自然相对较少。虽然不需要存货，却拥有 5.3% 的存货资产，这是因为在不动产事业中存在一些用于销售的不动产。

有形固定资产（72.3%）占比很高，是因为阪急阪神控股属于设备投资型企业。无形固定资产（1.4%）几乎没有，说明其并没有进行过大规模的收购。

投资及其他资产（13.9%）占有一定的比率，主要是对集团企业进行的投资以及有价证券投资。

阪急阪神控股的流动负债与固定负债的占比高达 62.9%。其中贷款和公司债券所占的比率加起来有 35.5%。作为拥有大量不动产的设备投资型企业，为了筹集资金必须大量贷款和发行公司债券，阪急阪神控股也不例外。

不过，因为不动产能够随时出售或抵押，而且不会出现价值暴跌的情况，所以拥有大量不动产的企业即便拥有一定程度的贷款也没什么问题。虽然阪急阪神控股负债比较高、净资产只有37.1%，但也属于此类企业的平均水平。

ZOZO

ZOZO 是非常著名的时尚购物平台。首先来看资产部分，其流动资产的占比超过 70%。这是因为其拥有比较多的金融资产（27.3%）和应收债权（34.7%）。

之所以有这么多的应收债权，是因为顾客大多使用信用卡支付，以及该网站提供下单后最长不超过 2 个月的"延期支付"服务。

另一方面，ZOZO 的存货资产（7.5%）很少，这是因为其虽然拥有一定的商品用于销售，但绝大部分是自己没有存货的代理销售。

有形固定资产（8.0%）占比也较小，是因为其没有实体店，完全通过网络来进行销售，建筑物和设备只有总部大楼、物流中心和数据中心等。

无形固定资产（3.9%）虽然比较少，但 ZOZO 也收购了一些与系统和软件相关的小规模企业。投资及其他资产（14.7%）主要是对集团企业的投资。

再来看负债，流动负债和固定负债加起来高达 71.3%。贷款和公司债券（27.8%）的占比也不低。其中应付债务（22.8%）比较高，大部分是代理销售的代收款。净资产 28.7% 相对偏低。

ZOZO 在 2019 年 3 月期回购了超过 200 亿日元的股票，为了筹集用来回购股票的资金，ZOZO 向银行贷款并发行了公司债券，这些都是导致其净资产大幅减少的原因。顺带一提，2018 年 3 月期的时候 ZOZO 完全没有贷款，而且净资产的比率高达 57.7%。

阿斯特拉斯制药

阿斯特拉斯制药的流动资产（45.2%）占比较高。这是因为其金融资产（16.4%）和应收债权（18.1%）比较多。

由于日本的医院和药店收费要走社会保险，因此制药企业的回款周期普遍很长，这也就导致其应收债权居高不下。

另一方面，阿斯特拉斯制药的存货资产（8.0%）非常低。虽然制药企业在社会责任层面需要保证一定量的存货，但因为制药行业的成本率一般只有 20% ～ 30%，所以存货资产的金额并不高。

此外，有形固定资产（9.1%）也很低，这说明阿斯特拉斯制药将一部分生产外包给了其他的企业来完成。

无形固定资产（34.5%）占比很高，这说明阿斯特拉斯制药积极地收购其他企业来获取相应的新药专利。无形固定资产占比较高，可以说是制药企业共同的特点。

从负债来看，阿斯特拉斯制药的流动负债与固定负债合计只有 33.7%。而且没有贷款和公司债券，属于完全无欠款的状态。而 66.3% 的净资产比率也可以说是非常健康的财务状况。

后 话

通过资产负债表把握企业的安全性和事业结构

宫川借和风间一起吃午餐的机会向他请教了许多自己不清楚的问题，得知通过资产负债表能够把握企业的安全性和事业结构。

财务负责人进行说明时提到的应收账款增加，是因为商品的销量非常好；存货资产增加，是因为要为新品上市做准备；商誉和贷款增加，是因为企业之前在东南亚进行了收购。

在此之前，宫川从来没有仔细地看过资产负债表，因为他觉得这和自己的工作关系不大，而且很难看懂，所以对其敬而远之。

现在他意识到通过资产负债表能够了解许多内容，于是决定今后只要有机会就多看一看相关企业的资产负债表，分析一下该企业的安全性和事业结构。

总 结

▶ 资产负债表是企业决算日数字的纪念照片。表明了企业在决算日的时间点的资金筹集情况以及拥有的资产状况。

▶ 通过资产负债表能够看出一个企业的安全性如何。位于资产负债表左上的流动资产占比越大，位于右下的净资产占比越大，企业就越安全。净资产一般占全部资产的 30% ~ 40%，如果占比在此之上则说明企业具有一定的安全性。

▶ 通过资产负债表左侧的资产能够看出企业的事业结构。业绩优秀的企业一般拥有较多的现金资产，开展批发事业的企业一般拥有较高的应收账款和存货资产，设备投资型企业的有形固定资产占比较高，曾经进行过收购的企业则拥有比较高的无形固定资产（商誉）。

▶ 通过资产负债表左侧资产中金额占比较高的项目能够看出该企业潜在的课题：拥有大量现金的企业需要解决资金的使用课题；应收账款和存货资产较多的企业需要对其进行管理；有形固定资产占比较高的企业需要提高设备的运转率以及对投资回报率进行分析；商誉较高的企业则需要让收购取得预期的成果。

▶ 现金的使用方法有三种，分别是：①用于偿还贷款；②用于投资事业；③用于返还给股东（比如分红、回购股票）。现金最好按照①→②→③的优先顺序使用。

2 损益表
透露出的信息

奢侈品的成本和利润
分别是多少?

　　大山先生是一家汽车零件生产企业的总务部部长。上周末他陪妻子去位于市中心的商场购物。买完东西之后还剩下一些时间,于是两人顺便去商场一楼的欧洲大牌奢侈品店铺逛了逛。

　　店里的顾客不多,营业员热情地接待了大山夫妇。一边听着营业员讲解店内的高档商品,一边感受着店内奢华的氛围,大山先生忽然对奢侈品生产企业的成本结构产生了兴趣。他虽然也认可这些高档奢侈品在品质和设计上的优秀之处,但仍然感觉价格过于昂贵。

　　这些奢侈品的成本和利润分别是多少呢?

　　开在一流商场的黄金地段的奢华店铺,雇用了好几个一看就拥有很高学历背景的优秀人才做营业员,而顾客人数却寥寥无几。

　　在这样的状况下要创造利润,必须拥有极高的利润率才行。大山先生工作的汽车零件生产企业的成本率在 80% 左右,那么这种奢侈品的成本率究竟是多少呢?

　　大山先生完全搞不明白,于是他约了曾经的大学同学,如今在某银行担任分行长的赤松先生明天一起喝酒。赤松因为工作的关系接触过许多行业,大山先生决定到时候向他询问一下,听听对方的高见。

损益表是以营业收入为起点、净利润为终点的"行程表"

损益表又叫 PL（Profit and Loss Statement），是以企业在一定时间内获得的利润为基础的活动报告书（图表 1—5）。

图表 1—5　损益表的结构（日本）

营业收入 营业成本	能够反映出事业的规模和发展情况
营业毛利 营业费用和一般管理费	减去直接成本（即营业成本）之后的利润 与经营和管理相关的费用（研究开发经费、广告宣传经费等）
营业利润	主要事业的利润，非常重要
营业外收入 营业外费用	营业外损益的多与少能够反映出企业财务的健康状况
经常利润	企业日常活动的利润
特别利润 特别损失	特别损益的多与少能够反映出企业是否发生过巨大的变化以及对课题的处理情况
税前利润 法人税等	能够反映出税金的负担情况
当期净利润	最终的利润，向股东进行返还的基础

损益表以营业收入（通过为顾客提供商品、产品、服务而获取的金额）为起点，将成本分为几个部分，在日本需要计算五个阶段的利润。

第一个阶段是减去商品、产品、服务本身成本的营业毛利。这是企业最初的利润，是减去商品、产品、服务的成本（营业成本）之后获得的利润。

第二个阶段是减去营业费用和一般管理费之后的营业利润。这是反映主要事业盈利能力的数据，最近非常受重视。

第三个阶段是主要事业之外，与财务相关的收益和费用加上营业外收入与营业外费用后的利润。这是每年的日常活动获取的利润，因此被称为经常利润。

第四个阶段是包括特别利润和特别损失在内的税前利润。

第五个阶段是减去法人税^①等税金之后剩下的当期净利润。这个最终阶段的利润是向股东进行返还的基础，也是对股东来说最重要的利润。

如果是企业集团的合并损益表，在当期净利润一项中还会进一步分为"归属非控股股东的当期净利润"和"归属母公司股东的当期净利润"。

如果母公司拥有子公司超过 50% 的股份，那么子公司的营业收入和利润将全部被核算在母公司的数字中。

因此，在子公司的当期净利润中，需要将拥有该子公司部分股份的外部股东所应获得的那部分利润明确地表示出来，也就是说：

在合并损益表中，只拥有子公司一部分股份的"非控股股东"所应获得的部分和在企业集团中作为核心企业控制子公司的"控股股东"所应获得的部分必须分别核算。

---

① 法人税：日本政府对法人的所得征收的一种税，相当于中国的企业所得税。

此外，有些损益表是根据日本以外的其他会计准则制作的，在对这样的损益表进行分析时需要注意：

在世界通用的会计准则 IFRS 中，并没有经常利润这一项。

在这种情况下，因为无法对经常利润进行比较，所以必须以营业利润（Operating Income、Operating Profit）、当期净利润（Net Income、Net Earnings）或者营业毛利（Gross Profit）为中心进行分析。

把握企业的利润结构和成本结构

通过对损益表中的数据进行分析，我们就能够把握该企业以及行业的利润结构和成本结构（图表 1—6）。

图表 1—6　损益表中值得注意的内容

1　营业毛利率

一般在 20% ～ 30% 之间

（制药行业和化妆品行业在 70% ～ 90%）

营业毛利率低 → 需要减少营业费用和一般管理费、对存货进行管理

营业毛利率高 → 如果营业费用和一般管理费有效果就要充分利用，存货有意义就要保持充足

2　营业利润率

一般在 5% ～ 10% 之间

能够达到 10% 的话就属于比较优秀的企业

3 营业费用和一般管理费

研究开发费在营业收入中的占比：大型企业平均在 4% ～ 5%

制药：10% ～ 20%   IT：5% ～ 15%

汽车：4% ～ 6%   原材料、食品：1% ～ 4%

营业毛利率能够反映出成本率。

绝大多数的日本企业，**营业毛利率在 20% ～ 30% 之间。**

比如汽车生产企业马自达的营业毛利率为 22.2%（2019 年 3 月期）。
而在大阪和东京拥有大约 270 家店铺，以销售食品、生活用品、服装
为主的大型连锁超市 LIFE 的营业毛利率为 28.8%（2019 年 3 月期）。

不过也有营业毛利率在 70% ～ 90% 的行业。比如以新品开发为主
的制药企业、化妆品企业、软件开发企业等。

制药行业的营业毛利率一般在 60% ～ 80%，并且普遍将营业收入的
10% ～ 20% 投到研发中。阿斯特拉斯制药（2019 年 3 月期）虽然营业毛
利率高达 77.6%，但投入的研究开发费也高达营业收入的 16.0%。

化妆品行业的营业毛利率基本维持在 70% ～ 80%，不过在广告宣
传等促销活动上投入的成本非常高。

软件开发行业在不提供任何私人订制项目、直接销售软件的情况
下，营业毛利率能够达到 80% ～ 90%。

由此可见，不同行业的营业毛利率各不相同。

第二阶段的营业利润率也因行业的差异而有所不同。一般来说，营
业毛利率越低的事业，营业费用和一般管理费所占的比率也越低，而营
业毛利率比较高的制药行业和化妆品行业，则在研究开发、广告宣传、
促销活动等方面有较大的投入，导致营业费用和一般管理费也相对较
高。因此不同行业的营业利润率实际上并没有太大的差异。

不过，**营业利润率能够体现出主要事业的盈利能力**，所以非常重要。

开展 B2B 事业的企业，以向特定的客户企业大量销售为主，因此营业费用和一般管理费的使用效率比较高。与开展 B2C 的企业相比，前者的营业费用和一般管理费在营业收入中的占比更低。

最近，日本企业只要营业利润率在 10% 左右就被看作是具有较高盈利能力的企业。当然，不同行业的营业利润率各不相同，具体还是要看该企业与同行业优良企业的营业利润率之间的对比。不过 10% 这个数字可以暂且看作是一个基准。

也有一些企业，虽然希望将来能够实现营业利润率 10% 的目标，但作为短期和中期计划，还是会将营业利润率目标设定在 5% 左右。

比如日本最大的家电卖场亚玛达电器，在 2010 年事业发展一帆风顺的时候营业利润率也只有 5% 左右（亚玛达电器从 2010 年 3 月期开始连续 3 年的营业利润率分别是 4.3%、5.7%、4.8%）。世界最大的零售企业集团沃尔玛的营业利润率也与此相当（沃尔玛从 2014 年 1 月期开始连续 3 年的营业利润率分别是 5.7%、5.6%、5.0%）。亚玛达电器由于近年来推出了以旧换新业务，因此营业利润率还出现了一定程度的下降（2019 年 3 月期为 1.7%）。这两家企业都属于零售行业，以薄利多销的事业形态为主。

由此可见，这种薄利多销的事业在发展顺利的状况下只要有 5% 左右的营业利润率就可以保证事业的存续。
但对于提供附加价值的事业来说，只有 5% 的营业利润率是远远不够的。

顺带一提，沃尔玛从 2017 年 1 月期开始连续 3 年的营业利润率分别为 4.7%、4.1%、4.3%。之所以出现下降，是因为以亚马逊为首的电商崛起。对于零售行业来说，如何应对电子商务带来的挑战是急需解决的课题。

再来看第三阶段的经常利润率，一方面，如果与营业利润率相比，经常利润率非常低的话，说明该企业可能因为贷款和公司债券而需要支付高额的利息，存在较高的营业外费用，属于财务安全性比较低的企业；另一方面，如果与营业利润率相比，经常利润率很高，则说明该企业能够获得较多的存款利息和股份分红，无须支付太多的贷款利息，属于财务安全性较高的企业。

通过对比营业利润率与经常利润率，我们能够了解企业在财务方面的安全性。

接下来是第四阶段的税前利润，这部分包括临时发生的以及意外发生的特别利润和特别损失。一般情况下，特别利润和特别损失的金额都不会太大。因此，经常利润率与税前利润率不会有太大的差异。如果两者存在很大的差异，就需要对发生的特别利润和特别损失进行确认。

与事业相关的特别损失比较大，说明事业处于困境。

在这种情况下，搞清楚出现特别损失的原因以及对今后的事业发展可能产生哪些影响，就显得十分重要。

最后是减去法人税等税金之后的当期净利润率，这也是股东获得的最终利润率。因为它与近期颇受关注的 ROE（净资产收益率）有很深的关系，所以非常重要。

现在日本企业的法人税大约为 30%。但不同行业的税金优惠政策各不相同，在海外开展事业的企业也因为各国的规定而享受不同的税率，所以各个企业的法人税等比率各不相同。绝大多数的企业在 20% ～ 40% 之间。

发现企业的课题和特征

位于损益表最上方的**营业收入**是损益表中**非常重要**的内容。营业收入的数字越大，事业拥有优势的可能性就越大，同时这也关系到事业占据的市场份额。

营业收入的变动也能够反映出企业的发展状况。如果与同行其他企业相比，自身企业的增长率较低，就必须找出原因并采取相应的对策。

对于在同一行业中采用同样商业模式的企业来说，利润率和成本结构基本相同。因此，与同行业中采用同样商业模式的优良企业进行比较，有助于发现企业存在的课题和特征。

比如**营业毛利率较低**的情况，可能是售价太低或者成本太高。此外，在营业费用和一般管理费、存货管理上的投入也与营业毛利率有一定的关系。

像汽车行业这样**营业毛利率较低的行业**，为了保证一定的利润，控制营业成本、营业费用和一般管理费是非常重要的课题。对于营业毛利率较低的企业也就是成本率较高的企业来说，即便很少的存货也会对企业造成巨大的压力，所以**减少存货就显得尤为重要**。

像制药行业和化妆品行业这样**营业毛利率很高的行业**，因为营业费用和一般管理费与利润之间有直接的关系，所以**只要投到研究开发、广告宣传以及促销上的费用能够取得预期的效果，就应该在一定程度上积极地投入**。此外，为了及时地应对顾客的需求，也需要在一定程度上保证存货的充足。

也就是说，**营业毛利率比较高的行业，可以在营业费用和一般管理费、存货管理上多投入一些**。

对于这样的行业来说，为了确保一定程度的营业利润率，适当的成本管理与存货管理十分重要。

如果营业毛利率比较高，但营业利润率却偏低，说明营业费用和一般管理费可能投入太多，或者没有取得预期的效果。

营业费用和一般管理费大致上可以分为"重视效果"和"重视效率"两种类型。前者包括研究开发费、广告宣传费、促销费等，投入的资金越多取得的成果越多。而后者则包括物流费等，比较重视资金的使用效率。

在搞清楚投入的营业费用和一般管理费属于哪种类型之后，就要确认投入的资金是否取得了预期的效果，以及是否得到了有效的利用，如果发现问题就要及时地采取相应的对策。通过营业费用和一般管理费的实际使用情况，我们还能把握企业的特征和方针。很多企业都会在公开的报表中写明企业在研究开发和广告宣传上投入了多少资金。

研究开发费和广告宣传费都是为了企业未来的发展而投入的重要成本。

将这些金额的大小以及其与营业收入之间的比率，和同行业的竞争对手进行对比也具有非常重要的意义。大型企业的研究开发费与营业收入之间的比率平均在 4%～5%，制药行业在 10%～20%，综合电器和 IT 行业在 5%～15%，汽车行业为 4%～6%，原材料和食品行业在 1%～4%。

而广告宣传费与营业收入之间的比率，如果是 B2C 企业的话，大多在 4%～5%。

经常利润率比营业利润率低很多的话，说明该企业拥有比较多的贷款，需要支付高额的利息，财务上可能安全性较低。在这种情况下，必须想办法将财务的安全性提高到一定的程度。

如果与经常利润率相比，税前利润率非常低，则说明该企业很有可能出现了巨额的特别损失。因为自然灾害等不可抗力因素导致的特别损失确实没有办法，但如果是因为对事业进行重组而造成的损失，或者因为事业发展不顺导致有形固定资产和商誉出现减损，就应该对相应的事业进行分析。此外，在与事业相关的特别损失出现"持续"的情况下，必须将其作为重要课题，给予高度的重视。

案 例

比较 5 家企业的损益表

接下来让我们看一下 5 家不同行业企业的损益表结构。

比较 5 家企业的损益表

	ARCS	本田技研工业	欧比科	萨莉亚	高丝
	2019 年 2 月期	2019 年 3 月期	2019 年 3 月期	2018 年 8 月期	2019 年 3 月期
营业收入	100.0%	100.0%	100.0%	100.0%	100.0%
营业成本	74.8%	79.2%	16.0%	36.5%	26.6%
营业毛利	25.2%	20.8%	84.0%	63.5%	73.4%
营业费用和一般管理费	22.3%	16.2%	39.6%	57.9%	57.7%
广告宣传费与促销费	2.3%	?	2.8%	?	25.5%
研究开发费	0.0%	5.1%	9.9%	?	1.6%
人工成本	9.8%	?	11.2%	29.9%	17.1%

店铺成本	4.3%	—	—	16.7%	—
营业利润	2.9%	4.6%	44.4%	5.6%	15.7%
营业外收入	0.4%	1.7%	3.3%	0.2%	0.5%
营业外费用	0.0%	0.2%	0.1%	0.0%	0.0%
经常利润	3.2%	6.2%	47.6%	5.8%	16.2%
特别利润	0.0%	0.0%	4.8%	0.0%	0.5%
特别损失	0.4%	0.0%	3.3%	0.9%	0.2%
税前利润	2.8%	6.2%	49.1%	4.9%	16.5%
法人税等	0.8%	1.9%	15.0%	1.6%	4.8%
当期净利润	2.0%	4.3%	34.1%	3.3%	11.7%
归属非控股股东的当期净利润	0.0%	0.4%	0.0%	0.0%	0.6%
归属母公司股东的当期净利润	2.0%	3.8%	34.1%	3.3%	11.1%

注：萨莉亚的人工成本包含公司福利待遇。
出处：根据各公司的有价证券报告书以及决算信息制作。

ARCS

ARCS 是一家在北海道和东北地区开展连锁超市事业的企业。

首先来看营业成本率。74.8% 这个数字在同行业中属于平均水平。

然后是 22.3% 的营业费用和一般管理费，至于营业利润率则比较低，只有 2.9%。

从营业费用和一般管理费所包含的具体项目来看，因为该企业是自身拥有店铺的零售企业，所以人工成本（9.8%）和店铺成本（4.3%）都比较高。不过 ARCS 的主要事业都在北海道和日本东北地区展开，与东京首都圈的超市企业相比，这方面的费用所占的比率还是相对较低的。广告宣传费与促销费占比 2.3%，其中一多半都用于优惠券的折扣返还，说明其采用的是吸引顾客尽量多地前来购物的策略。

因为 ARCS 基本没有贷款，所以有 0.4% 左右的营业外收入。因为店铺会出现一定程度的减损，所以有 0.4% 的特别损失。最后再减去 30% 左右的税金，ARCS 的当期净利润率就是 2.0%。

通过上述数据可以看出，ARCS 属于典型的薄利多销的超市事业类型。

本田技研工业

本田技研工业是日本著名的汽车和摩托车生产企业。

79.2% 的营业成本率在包括汽车在内的日本制造行业中属于平均水平。

然后是 16.2% 的营业费用和一般管理费。而 4.6% 的营业利润率对于生产企业来说属于偏低的水平。

从营业费用和一般管理费所包含的具体项目来看，本田技研工业在研究开发费上的投入相对较多，占 5.1%，说明该企业对研究开发非常重视。

本田技研工业在中国拥有合资企业并持有其 50% 的股份，能够获得一定的股权收益，同时集团旗下还拥有开展汽车贷款等金融事业的子公司，因此营业外收入减去营业外费用之后还有 1.5% 的盈余。由于没有出现特别利润和特别损失，所以在税前利润阶段保证了 6.2% 的利润率。

减去 30% 的税金之后，当期净利润率为 4.3%。由于本田技研工业对其在东南亚地区的子公司并非 100% 控股，所以有 0.4% 的利润是归属非控股股东的当期净利润，另外的 3.8% 为归属母公司股东的当期净利润。

通过上述数据可以看出，虽然本田技研工业的业绩并不算优秀，但也充分地表现出了汽车生产企业的普遍趋势。

欧比科

欧比科是一家开展与会计、人事、薪酬相关软件的开发和维护事业的企业。

首先来看营业成本率。16.0% 的营业成本率非常低。这是因为欧比科推出的这种财务软件销量越高成本就越低。

然后是 39.6% 的营业费用和一般管理费，虽然这个比率相对较高，但欧比科仍然保持了 44.4% 的营业利润，属于相当高的水平。

从营业费用和一般管理费所包含的具体项目来看，广告宣传费投入了一定的成本（2.8%），但更多是为了应对云服务以及与微软合作所投入的研究开发费（9.9%）。此外，人工成本（11.2%）也相对较高。从以往的财务报表可以看出，在欧比科的营业成本中也包含大约三分之一的人工成本，说明其在销售和开发两方面都有较多的投入。

欧比科拥有包括有价证券在内超过 1,200 亿日元的金融资产，因此通过利息和分红获得了 3.3% 的营业外收入。

特别利润和特别损失相互抵消后约为 1.5% 的正收益，税前利润阶段的利润率为 49.1%。再扣除掉 30% 的税金，最后获得的当期净利润率为 34.1%。

通过上述数据可以看出，欧比科开展的事业非常符合软件行业成本低、利润高的特征。

萨莉亚

萨莉亚是一家以低廉的价格开展意大利餐厅事业的企业。

首先来看营业成本率，36.5% 的比率与餐饮业平均成本率 30% 的比率相比稍高，可能是因为其价格比较便宜的缘故。

然后是 57.9% 的营业费用和一般管理费，以及 5.6% 的营业利润率。

从营业费用和一般管理费所包含的具体项目来看，因为萨莉亚自身拥有店铺，因此人工成本（29.9%）和店铺成本（16.7%）比较高。一般来说，餐饮行业的营业成本约为 30%、人工成本约为 30%、店铺成本及其他经费约为 30%、营业利润约为 10% 是比较理想的状态。从萨莉亚之前的财务报表来看，一直到 2011 年 8 月期的数年间，该企业的营业利润率一直在 10% 以上，但后来这个数字逐年下降，到 2018 年 8 月期就已经下降到了 5.6%。

导致这一情况的主要原因之一是人工成本上涨。对餐饮行业来说，人工成本高涨是非常重要的课题，萨莉亚似乎也受到了一定程度的影响。

因为萨莉亚没有欠款而且拥有许多金融资产，所以有 0.2% 的营业外收入。

另一方面，因为人事管理系统和店铺出现减损，所以出现了 0.9% 的特别损失。减去 30% 的税金之后，当期净利润率为 3.3%。

通过上述数据可以看出，萨莉亚非常符合薄利多销的餐饮行业特征。

高丝

高丝是日本著名的化妆品生产企业。

首先来看营业成本率，因为高丝开展的是拥有极高附加价值的化妆品事业，所以营业成本率非常低，只有 26.6%。

然后是 57.7% 的营业费用和一般管理费，因为对化妆品行业来说市场营销至关重要，所以在这方面的投入也比较高。同时高丝也拥有 15.7% 的营业利润率。

从营业费用和一般管理费所包含的具体项目来看，广告宣传费与促销费占 25.5%，这非常符合该行业的特征。研究开发费只有 1.6%，这个数字相当低。另外，人工成本（17.1%）比较高，说明化妆品行业的人工成本是省不得的。

因为高丝在几乎没有欠款的同时拥有 1,000 亿日元以上的金融资产，所以这部分的投资收益就成为 0.5% 的营业外收入。

特别利润和特别损失相互抵消后约为 0.3% 的正收益，因此高丝的税前利润阶段的利润率为 16.5%。扣除 30% 的税金后，当期净利润率为 11.7%。另外，由于其集团公司旗下拥有负责研究开发和海外销售的子公司，所以还需要扣除一些归属非控股股东的当期净利润。

通过上述数据可以看出，高丝比较符合拥有较高的营业毛利率，但在市场营销上投入也比较大的化妆品行业的特征。

后 话

奢侈品的成本非常低

大山在与赤松喝酒的时候，将自己心中关于奢侈品成本结构的疑问说了出来。

刚好赤松曾经对某奢侈品销售企业进行过调研，于是以欧洲的LVMH（酩悦·轩尼诗—路易·威登集团）为例进行了说明。LVMH旗下拥有许多知名品牌，包括高级皮具、珠宝、红酒与香槟等。赤松利用智能手机当场查询了LVMH2018年12月期的损益表，虽然这些奢侈品都给人一种高品质的印象，但实际上营业成本只有33.4%。而店铺、人工以及促销和管理等营业费用和一般管理费成本则合计高达45.5%，营业利润率为21.1%，这个数字可以说相当高。

欧洲企业可以说是奢侈品的先行者，不过日本也有许多历史悠久、产品质量上乘的企业。大山在听完赤松的说明之后，不禁开始思考：今后如何向欧洲的奢侈品企业学习，或许是一些日本企业的重要课题。

总 结

▶ 损益表是以一定期间的利润为基础的企业活动报告表，最初的基础数字是营业收入，减去营业成本之后就是营业毛利，再减去营业费用和一般管理费之后就是表示主要事业盈利的营业利润，减去与财务相关的损益之后就是经常利润，最后减去特别损益和税金就是归属股东的当期净利润。

▶ 设定营业收入为100%、用百分比来表示各项数字的损益表，有助于把握企业的利润结构和成本结构。不同行业的营业毛利率和营业利润率各不相同。

▶ 生产普通消费品的行业以及薄利多销的零售行业的营业利润率一般在5%左右，提供高附加价值的商品、产品、服务的行业的营业利润率则能够达到 10%。

▶ 通过经常利润率能够把握企业的财务健康状况，通过税前利润率能够把握企业是否受到特殊情况的影响，通过当期净利润率则能够把握企业的税金状况。

▶ 根据损益表的数据，与利润结构、成本结构、商业模式都相似的同行业优良企业进行对比，能够发现企业存在的课题。

▶ 营业毛利率的差异，可能是由营业费用和一般管理费、存货管理上的差异所导致的。如果营业毛利率偏低，就需要进行更加严格的管理。此外，研究开发和广告宣传上的投入与营业收入之间的比率因为关系到未来的发展，所以也是非常重要的数字。

▶ 损益表上营业收入的数字达到或者高出行业平均水平，并且有持续的成长，营业利润率在同行业中属于较高水平，最终的当期净利润率也维持在较高水平，这就是最理想的状态。

3 现金流量表 透露出的信息

为何现金流非常重要？

今天，化学品生产企业 X 社的新任社长黑岩将在总部发表最新的中期经营计划。半年前升任该企业关西工厂厂长的佐藤也作为干部之一出席了这次会议。社长黑岩在演讲中提到了结构改革和成长战略，但最令佐藤在意的却是下面的内容。

社长**反复强调了好几次现金流量表的重要性。**

为了恢复现有事业的业绩，采取降低成本、压缩资产的结构改革，以及制定新产品开发和开创新事业的成长战略都非常重要。这一点佐藤也十分清楚。

为什么要重视现金流量表呢？佐藤对现金流量表的理解只停留在"反映现金流动情况"的层面上，所以他完全搞不懂重视现金流量表究竟有什么意义。

此外，现金流量表与结构改革、成长战略之间究竟有什么关系呢？作为厂长的自己应该采取什么行动？在成为部门负责人之前，佐藤只要听从上司的指示即可，现在他必须自己做决定。

于是在下班回到家之后，佐藤打开电脑，开始上网查询现金流量表的相关信息。

什么是现金流量表？

现金流量表是表示企业一定期间内现金流动情况的报告表。

甚至可以说，企业能否将事业进行下去完全取决于是否拥有足够的现金流。

即便企业的利润一直是黑字，但要是没有现金也会出现问题。反之，即便利润一直是赤字，只要现金流没断，那么事业就能继续下去。也就是说，企业是否能够获得现金并让现金周转起来，是保证事业持续发展的关键。

而将现金流动情况的信息向外部公开的报表，就是现金流量表。

以股东为首的投资者在对企业的盈利能力进行分析时，不仅要看利润，还要看企业实际的现金流动情况。

也就是说，看一个企业赚不赚钱，只要看它的现金流量表就可以了。

这里说的现金，包括现金、现金存款以及能够立即变现的安全的金融商品。

现金流就是这些现金的流动情况。

现金流量表将企业在一定时期内的现金流分为三种，具体来说包括经营活动的现金流、投资活动的现金流和融资活动的现金流（图表1—7）。

图表 1—7　现金流量表

经营活动的现金流　　←　与主要事业相关的现金流
　　　　　　　　　　　　一般为正数

投资活动的现金流　　←　与事业投资和财务投资相关的现金流
　　　　　　　　　　　　一般为负数

融资活动的现金流　　←　与资金提供者（股东和债权人）相关的现金流

　　　　　　合　计

现金及现金等价物的换算差额

现金及现金等价物的期初余额

现金及现金等价物的期末余额

首先来看经营活动的现金流。这是企业通过开展事业产生的现金流。

一般来说，绝大多数的企业是通过开展事业来获取利润（现金），因此这部分的现金流都是正数。经营活动的现金流以损益表上记载的利润（准确地说是税前利润）为基础，通过对利润和现金流之间的差异（偏差）进行调整的方式来核算。

具体的调整包括：①当期没有支付的折旧费（投资设备的金额作为成本被分摊到设备整个使用期，但现金在投资阶段就已经支付完毕）要核算为利润；②在应收账款和存货（存货资产）出现增减的情况下，要根据利润与现金流核算时产生的差异进行调整（图表 1—8）。

当期净利润	80	← 以最终利润为基础 （日本以税前利润为基础）
主要调整		

与现金流无关的调整		
折旧费等（＋）	30	← 虽然属于成本，但并没有支出现金

营运资本项目的调整		
应收账款增加（—）	25	← 虽然卖出了商品（服务），却没有回笼现金
存货增加（—）	15	← 虽然利润没有发生变化，但支出了现金
应付账款增加（＋）	20	← 采购了商品，但没有支付现金

经营活动的现金流	90	**主要事业产生的现金流**

　　其中②与营运资本相关。营运资本指的是企业每天在运营中必不可少的资本，具体包括事业展开过程中出现的应收账款和存货等，这些资本是不停变动的。当营运资本出现增加或减少的时候，一定期间的利润与现金流之间就会出现偏差，因此必须进行相应的调整。

　　比如在应收账款增加的情况下，说明虽然通过销售赚取了利润，但货款并没有回收，因为这部分资金并没有作为现金入账，所以应该从利润中减去增加的应收账款。

　　而在应收账款减少的情况下，说明回收的货款金额比通过销售赚取的利润更高，并且已经作为现金入账，所以应该将减少的应收账款加在利润中。

　　此外，在存货增加的情况下，因为增加存货需要支付现金，所以要在利润中减去相当于存货增加量的金额。反之，在存货减少的情况下，则应该在利润中加上相当于存货减少量的金额。

　　也就是说，应收账款和存货越多，就意味着用于开展事业的营运资本越多，利润自然会相应地减少，而营运资本减少的话，利润则相应增加。因此，要想增加经营活动的现金流，除了增加利润之外，也要对减少应收账款和存货给予一定的关注。

再来看投资活动的现金流。这是与企业投资活动相关的现金流。

具体来说，包括设备、收购等与事业相关的投资，以及用富余的现金购买有价证券等金融投资。进行投资时因为需要支出现金，所以是负数，而将设备、事业或者有价证券卖出时能够回收现金，所以是正数。通常情况下，用于设备、收购的投资都需要巨额的资金，所以投资活动的现金流大多是负数。

最后是融资活动的现金流，这是企业与股东、银行等资金提供者之间产生的现金流。

具体来说，它包括从股东处获得资金、给股东分红、回购股票、从银行贷款获得资金和偿还贷款、向普通投资者发行公司债券和偿还债券等。其中，获得资金、贷款和发行债券都能获得现金，所以现金流是正数。而分红、回购股票、偿还贷款和债券都需要支付现金，所以现金流是负数。

融资活动的现金流，在企业成长阶段因为企业需要投资而大量筹集资金，所以大多是正数，而企业进入稳定期之后就会用富余的资金偿还贷款和给股东分红，所以现金流大多是负数。

了解企业的状况

通过现金流量表，我们能够了解企业的状况（图表1—9）。

比如处于稳定期的企业，事业发展顺利，能够稳定获得利润，所以经营活动的现金流一般是比较大的正数，再加上不需要进行大规模的投资，所以投资活动的现金流虽然是负数但不会太大。这样企业可以用富余的现金给股东分红或者偿还贷款，所以融资活动的现金流往往是负数。**也就是说，稳定期的企业，处于经营活动的现金流是比较大的正数、投资活动的现金流是比较小的负数、融资活动的现金流是负数的状态。**

处于成长期的企业，经营活动的现金流也是正数，但为了实现进一步的成长，需要进行投资，所以投资活动的现金流一般是比较大的负数。由于经营活动的现金流无法完全覆盖投资活动的现金流，所以需要通过贷款和增资来弥补资金不足，于是融资活动的现金流是正数。**也就是说，成长期的企业，处于经营活动的现金流是正数、投资活动的现金流是比较大的负数、融资活动的现金流是正数的状态。**

处于重组期的企业，经营活动的现金流可能是正数。不过，为了对事业进行重组，可能需要出售一部分的事业和设备，并且暂时停止投资，所以投资活动的现金流可能是零或者正数；另一方面，进行重组的企业往往拥有高额的贷款和公司债券，所以需要将经营活动和投资活动的现金流用于偿还贷款和公司债券，于是融资活动的现金流是比较大的负数。**也就是说，重组期的企业，处于经营活动的现金流是正数、投资活动的现金流是零或者正数、融资活动的现金流是比较大的负数的状态。**

图表 1—9　企业状况与三种现金流的关系

	稳定期	成长期	重组期
经营活动	＋ （比较大的正数）	＋	＋
投资活动	－	— （比较大的负数）	0 或者＋
融资活动	－	＋	— （比较大的负数）

综上所述，通过观察三种现金流的状态，我们就能够在一定程度上把握企业的状况。

关注自由现金流
与经营活动的现金流

自由现金流，顾名思义指的就是企业能够自由使用的现金流。

更准确地说，是企业能够自由地分配给股东和银行等资本供应者的现金流。事实上，企业通过开展事业满足了再投资需求之后剩余的现金流，就是能够自由地分配给资本供应者的现金流的基础。

因此，自由现金流也可以说是去除投资需求之后，事业产生的现金流。

当自由现金流为正数的时候，说明企业进行的投资处于事业盈利的范围之内，属于比较安全的事业运营状态。企业为了实现发展而进行巨额投资的情况下，自由现金流往往会变成负数，但这种负数并不一定是坏事。

在现金流量表中，自由现金流通常被核算为经营活动的现金流与投资活动的现金流的合计（图表 1—10）。

一般来说，处于稳定期的企业，因为经营活动的现金流的正数能够覆盖投资活动的现金流的负数，所以自由现金流是正数。

处于成长期的企业，因为与经营活动的现金流的正数相比，投资活动的现金流的负数更大，所以自由现金流是负数。

处于重组期的企业，除了经营活动的现金流是正数之外，投资活动也因为出售事业和设备，现金流大多是正数，所以自由现金流也是正数。也就是说，通过自由现金流的数字，我们也能看出企业的状况。

图表 1—10　企业状况与自由现金流

	稳定期	成长期	重组期
经营活动	**＋** （较大的正数）	＋	＋
投资活动	－	**—** （较大的负数）	＋
自由现金流 （经营活动＋投资活动）	＋	－	＋

经营活动的现金流又被称为现金利润，十分重要。

因为这直接关系到企业能够赚取到多少现金流。

经营活动的现金流与营业收入之间的比率被称为现金流利润率，这是与损益表中的营业利润率同样重要的指标。

如果经营活动的现金流是负数的话就需要特别注意，因为经营活动的现金流并不包括投资时支付的现金，从某种意义上来说只核算了投资的成果部分。

如果经营活动的现金流为负数，说明在投资初期就已经无法获得利润，也没有继续投资的能力。

与营业利润的赤字和当期净利润的赤字相比，经营活动的现金流为负数的情况更为严峻。

但也有例外，比如处于成长期的企业因为在研究开发和广告宣传上投入了巨额的资金，再加上应收账款和存货等营运资本增加，导致经营活动产生的现金流为负数的情况，只要该企业能够通过贷款和增资来弥补这部分的负数就没有问题。除此之外，经营活动的现金流为负数，对企业来说就非常危险。

大冢家具与佳能的现金流量表

大冢家具

　　大冢家具曾经深陷经营危机。2019 年 2 月 15 日大冢家具董事会决定接受中国资本对其 38 亿日元的增资，开始进行重建。从现金流量表上来看，当时的情况究竟是什么样的呢？让我们来看一看大冢家具从 2015 年到 2018 年 12 月期这 4 年间的状况吧。

　　现任社长的大冢久美子于 2009 年 3 月就任社长。而她与前任社长——也是她的父亲大冢胜久，在股东大会上争夺经营权的事情闹得沸沸扬扬（2015 年）。

　　从大冢家具 2015 年 12 月期的财务报表上来看，虽然其营业收入比较低，但营业利润和当期净利润都是黑字。**同期的现金流量表也呈现出经营活动的现金流为正数、投资活动的现金流为负数、融资活动的现金流为负数的稳定状态。**

　　到了第二年的 2016 年 12 月期，营业利润、当期净利润都大幅下降出现赤字，现金流量表也呈现出经营活动的现金流、投资活动的现金流、融资活动的现金流全部为负数，完全无法通过

大冢家具的业绩与现金流量表的推移

（单位：百万日元）

	2015 年 12 月期	2016 年 12 月期	2017 年 12 月期	2018 年 12 月期
营业收入	58,004	46,308	41,080	37,388
营业利润	438	− 4,598	− 5,137	− 5,169
当期净利润	359	− 4,567	− 7,260	− 3,241
经营活动的现金流	269	− 5,771	− 4,785	− 2,608
投资活动的现金流	− 75	− 812	3,094	3,104
用于获取有形固定资产的支出	− 57	− 1,387	− 369	− 87
用于获取子公司·关联公司股份的支出	− 20	0	− 1	0
卖出投资的有价证券获得的收入	0	674	2,849	1,792
融资活动的现金流	− 742	− 535	− 357	198
贷款和公司债券的增减	0	0	0	1,170
支付分红	− 742	− 1,488	− 1,408	− 758
回购股票	0	− 1,429	0	0
卖出股份	0	0	1,051	0
不动产证券化获得的收入	0	2,382	0	0

出处：根据有价证券报告书及决算信息制作。

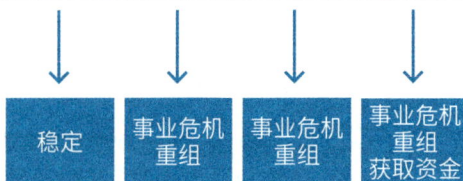

稳定	事业危机重组	事业危机重组	事业危机重组获取资金

事业产生现金流的**危机状态**。尽管大冢家具在这一年度通过不动产的证券化获得了 2,382 百万日元，但用于给股东分红和回购股票的支出合计高达 2,917 百万日元，所以融资活动的现金流合计

还是负数，三种活动的合计现金流也大幅减少。

接下来是 2017 年 12 月期，利润和经营活动的巨额赤字情况没有丝毫改善，但通过出售投资的有价证券，投资活动的现金流终于变成了正数。虽然进行了分红，但因为与 TKP（日本最大的租赁会议室的公司）进行了资本合作，所以融资活动的现金流的值有所增加。从整体上来看，三种活动的合计现金流仍然和上一年度一样为负数。

2018 年 12 月期仍然处于利润和经营活动出现巨额赤字的状态。与上一年度一样，通过出售投资的有价证券保证投资活动的现金流为正数，同时通过贷款使融资活动的现金流也变成了正数。最终的结果就是终于使三种活动合计的现金流变成了正数。从实际情况上来看，如果没有短期贷款的话，实际上大冢家具的现金流仍然处于负数的严峻状态。

连续 3 期经营活动的现金流都为负数，说明即便在除去投资的状态下事业也无法产生现金流，这意味着事业已经处于非常危险的状况。

而且在 2017 年 12 月期之前，因为大冢家具处于无欠款的状态，没有来自银行的压力，所以能够凭借自己手中的资金、不动产证券化以及与 TKP 的资本合作勉强渡过难关。2018 年 12 月期大冢家具通过向银行贷款获得资金，可见财务状况已经愈发严峻。尽管在增资之后财务状况得到了一些缓解，但今后经营活动的现金流是否能够由负转正是其最大的课题。

佳能

接下来让我们看一下近年来积极进行收购的佳能的现金流量表。

佳能的业绩与现金流量表的推移

（单位：百万日元）

	2015 年 12 月期	2016 年 12 月期	2017 年 12 月期	2018 年 12 月期
营业收入	3,800,271	3,401,487	4,080,015	3,951,937
营业利润	355,210	228,866	321,605	342,952
归属母公司股东的当期净利润	220,209	150,650	241,923	252,755
经营活动的现金流	474,724	500,283	590,557	365,293
投资活动的现金流	－ 453,619	－ 837,125	－ 165,010	－ 195,615
固定资产购入额	－ 252,948	－ 206,971	－ 189,484	－ 191,399
事业获得额（扣除获得现金后）	－ 251,534	－ 649,570	－ 6,557	－ 13,346
融资活动的现金流	－ 210,202	355,692	－ 340,464	－ 354,830
长期债务的增减额	－ 633	609,696	－ 125,008	－ 135,655
短期贷款的增减额	0	－ 80,580	5,628	2,501
分红支付额	－ 174,711	－ 163,810	－ 162,887	－ 178,159
自身股票的回购与出售	790	－ 14	－ 50,034	－ 21

收购瑞典监控摄像企业 AXIS（2015 年 4 月）

收购东芝医疗（2016 年 12 月）

出处：根据有价证券报告书及决算信息制作。

首先来看 2015 年 12 月期的现金流量表，经营活动的现金流为正数、投资活动的现金流为负数、融资活动的现金流为负数，**这是典型的稳定状态**。投资活动的现金流的负数与经营活动的现金流的正数几乎相互抵消，这是因为在投资活动中包括一笔高达

251，534 百万日元的收购支出。这笔钱被用于在 2015 年 4 月收购瑞典的监控摄像巨头 AXIS。由此可见，虽然现金流量表呈现出稳定状态，但佳能在积极地进行投资，所以其中也含有一定的成长要素。

然后是 2016 年 12 月期，经营活动的现金流为正数、投资活动的现金流为负数、融资活动的现金流为正数，这是典型的成长状态。投资活动的现金流的负数金额是经营活动的现金流的正数金额的 1.6 倍以上，其中有大约 649，570 百万日元为收购支出。这笔钱被用于在 2016 年 12 月收购东芝医疗。因为收购金额过于巨大，导致自由现金流也成了负数，所以佳能在融资活动中通过长期债务筹集了大约 609，696 百万日元的资金。

2017 年 12 月期，经营活动的现金流为正数、投资活动的现金流为负数、融资活动的现金流为负数，自由现金流为正数，这是典型的稳定状态。

最后的 2018 年 12 月期，虽然因为营运资本增加导致经营活动的现金流减少，但仍然是正数，投资活动的现金流为负数、融资活动的现金流为负数，自由现金流为正数，仍然保持着稳定状态。

从佳能这 4 年间现金流量表的推移情况来看，企业状态分别为成长型稳定、成长、稳定、稳定，其中个别年度还投入巨额资金，积极进行了投资。这可能是因为当企业的现有事业进入稳定期之后，需要寻找新的支柱事业。

综上所述，通过对现金流量表的三种现金流进行分析，我们就能够把握企业的状况。

现金流量表有助于共享信息

佐藤在互联网上查阅了资料之后发现，现金流量表不但能够帮助企业把握利润情况，还能够为缩短回款周期、削减存货、提高投资效率等企业活动提供明确的数据支撑。

从工厂的角度来说，与营业部门共享关于降低成本的信息，通过共享生产计划和销售信息来减少存货，对于提高利润和减少营运资本都非常重要。

在认识到通过现金流量表能够在一定程度上把握企业现金流的状况之后，佐藤决定今后也要对企业的现金流量表加以重视。

总 结

▶ 现金流量表是表示企业一定时期内现金流动情况的报表。

▶ 现金流量表将企业在一定时期内的现金流分为三种。具体来说包括经营活动的现金流、投资活动的现金流和融资活动的现金流。

▶ 通过对现金流进行分析，我们可以看出企业处于什么样的事业状态（稳定期、成长期、重组期）。

▶ 一般来说，经营活动的现金流、投资活动的现金流、融资活动的现金流在稳定期呈现出"较大的正数、负数、负数"的状态；在成长期呈现出"正数、较大的负数、正数"的状态；在重组期呈现出"正数、零或者正数、较大的负数"的状态。

▶ 自由现金流是企业通过开展事业满足了再投资需求之后剩余的现金流，理想的状态是正数，但处于成长期的企业为了实现发展而进行巨额投资导致自由现金流为负数的情况也没有问题。

▶ 经营活动的现金流是利润的基础，如果这个数字为负数的话，企业可能处于非常严重的危机中。

▶ 理想的现金流量表应该是：经营活动的现金流稳定增长，投资活动的现金流和融资活动的现金流根据企业的实际情况保持平衡。

4 IFRS 与日本 会计准则的差异

IFRS 的导入 改变了什么？

大型食品生产企业 S 社的事业部部长三谷，对财务负责人黑田在经营会议上的说明非常在意。

黑田在会议上提出，要在两年后将 S 社的财务报表制作准则更改为 IFRS（国际财务报告准则），因此需要改变决算期，并根据新设定的事业利润指标来管理业绩。

大约在一年前，三谷就听财务部部长川上说过打算导入 IFRS 的事情，所以他对此早有心理准备，但改变决算期和导入事业利润指标却让他有些困惑。

之前 S 社的决算期一直在 3 月末，今后将改在 12 月末。但在这个时候计算期末存货的话，岂不是要从除夕晚上开始一直统计到正月。而且客户企业大多在 12 月 31 日晚上营业到很晚，还有很多超市和小卖店从元旦就开始营业，如果在这个时期进行决算的话，本就非常忙碌的现场负责人能应付过来吗？

此外，根据黑田的说法，事业利润是和营业利润很相似的指标，但三谷对此却不是很理解。而且他也不知道导入这个指标的意义何在。他还听说在变更为 IFRS 之后，就不再有商誉摊销的问题，这又是什么意思呢？

因为心中充满了疑惑，三谷决定邀请财务部部长川上共进午餐，并向他请教一下关于 IFRS 的问题。

导入 IFRS 的理由和过程，
"为什么会计准则必须统一呢？"

投资者在世界各国进行投资的时候，如果各个国家的会计准则不同，就难以对各个企业的业绩进行对比。

比如想要对丰田、通用汽车和梅赛德斯—奔驰的业绩进行比较，如果这三家企业的财务报表根据不同的会计准则制作，不对三者之间的差异进行调整的话，就无法准确对比。

为了便于对不同国家企业的财务报表进行对比，制作全世界统一的会计准则，一个名为 IASB（International Accounting Standards Board：国际会计准则理事会）的组织成立了。IASB 制定的会计准则就是 IFRS（International Financial Reporting Standards：国际财务报告准则）。

从某种意义上来说，这是一个全球化的会计准则。

2005 年，欧盟要求上市企业必须采用 IFRS 的会计准则，当时欧盟大约 7,000 家企业都采用了 IFRS 会计准则。后来许多国家纷纷效仿欧盟的做法，将 IFRS 作为本国的会计准则采用。

尽管美国和日本仍然保持着自己的会计准则，并没有强制将 IFRS 作为本国的会计准则。但美国和日本都与 IASB 展开合作，逐步消除自身会计准则中与 IFRS 不同的部分，从整体趋势来看，世界各国的会计准则都在向 IFRS 靠拢。

IFRS 的特点是
重视原则与资产负债表

IFRS 与日本会计准则相比有几个明显的特征，其中最有代表性的两个特征如下：

原则主义（Principle Based）与重视资产负债表。

①原则主义

会计准则只制定原则方针，实际上的处理和核算则由各企业根据原则来具体执行。之所以采用这种方法，是因为 IFRS 作为全世界通用的会计准则，面向全世界不同国家的企业，所以不宜制定过于严格的规定。

因此，采用 IFRS 的企业需要在财务报表上以脚注（Footnotes）的形式具体写明核算的依据。这也导致采用 IFRS 作为会计准则的财务报表往往带有很多的注释。

②重视资产负债表

这个特征主要表现为以下两个方面：尽可能以决算日当天的时价（公允价值）为基础核算资产负债表中的项目；以每年资产负债表中净资产的增减差额为基础来核算损益表的利润。

在 IFRS 中有好几种像这样重视时价的会计准则。具体来说包括金融商品（有价证券等）的时价（Fair Value：公允价值）评估、用于运营的存货资产的时价评估、计算企业年金准备金缺口额度时导入时价的思考方法、外币债券的决算日汇率换算等。

日本会计准则几乎也采用了与上述会计准则同样的方法。也就是说，重视资产负债表属于世界公认的思考方法。

此外，在一定程度上以时价为基础制作资产负债表，就能够以接近时价的金额来对股东持有的净资产进行核算。这样一来，股东就能够更加准确地把握自己持有的权利的价值，从而更真实地反映出 ROE 的状况。

由此可见，IFRS 的会计准则是以向股东和投资者提供更加真实有效的信息为基础的。

IFRS 与日本会计准则的主要差异

IFRS 与日本会计准则有很多相似之处，但也有一些差异。

由于 IFRS 采用的是原则主义的方法，所以各企业都会根据自身的原则方针来制作财务报表，因此制作方法各不相同。接下来我将为大家介绍采用 IFRS 的企业的财务报表与采用日本会计准则的企业的财务报表之间最主要的差异。

①资产负债表的差异
首先是资产负债表的名称。

采用日本会计准则的时候，被称为资产负债表。
采用 IFRS 的时候则被称为财务状况表（Statement of Financial Position）。

当然，也有采用 IFRS 的企业仍然将其称为资产负债表，但更多的企业会将其称为财务状况表。虽然名称不同，但从结构上来看，都是通过资产、负债、净资产这三个方面对事业在年度末期的状况进行展示，两者没有太大的差异。

其次是对资产与负债的区分。IFRS 将资产与负债分为流动与非流动两种。这与日本会计准则中流动与固定的区分基本相同。区别就在于，**日本会计准则中的固定资产和固定负债，在 IFRS 中被称为非流动资产和非流动负债。**

第三个差异是资产负债表上项目的记载顺序。

根据日本会计准则，资产与负债的项目一般按照流动在前、固定在后的顺序记载。这被称为流动排序法。

但 IFRS 并没有规定记载的顺序，企业可以自由决定排序的方法，所以采用 IFRS 准则的企业有的采用了流动排序法，**也有的采用了固定排序法。**

用固定排序法的话，资产和负债一般非流动项目在前，流动项目在后。在流动资产中，现金及现金等价物基本都记载在最后。在对企业的资产负债表进行分析时，必须注意项目的记载顺序，不过在实际进行分析时只需变换一下顺序即可，操作起来比较简单。

②损益表的差异

首先是损益表上记载的利润的数量。采用 IFRS 的企业，在最简化的情况下只记载税前利润（Income before Income Tax）和净利润（Net Income）这两项。

即便记载利润数量最多的情况，也只是在上述两项的基础上增加了营业毛利（Gross Profit）和营业利润（Operating Income），合计四项。

也就是说，在日本会计准则中必须被核算的**经常利润在 IFRS 中是没有的。**

因此，当对采用日本会计准则的企业和采用 IFRS 的企业的业绩进行对比时，企业必须**以净利润或者营业利润作为比较的重点。**

即便采用 IFRS 准则的企业没有记载营业毛利和营业利润的项目，也可以根据成本的项目来计算出相应的数字。

第二个差异是在核算营业利润时包括的盈亏范围。采用 IFRS 准则的企业，**通常将股权投资收益（Income from Equity Investees）、汇兑损益（Currency Loss/Gain）、固定资产处分损益（Gain/Loss from disposal/sales of PPE）、减值损失（Impairment Loss）等在日本会计准则中被核算为营业外损益或特别损益的项目，都包含在营业利润中进行核算。**

从某种意义上来说，IFRS 的核算方法扩大了本业涵盖的范围。而采用日本会计准则的企业，只将营业费用和一般管理费、研究开发费等与本业相关的费用核算在营业利润中。因此，在对营业利润进行比较时，确认核算的范围非常重要。

③现金流量表的差异

IFRS 与日本会计准则在现金流量表上基本没有太大的差异。

④会计准则的差异

关于会计准则，如果连细节都算在内的话，那么两者有许多差异，在这里我们只看其中差异比较大的部分，也就是关于商誉的会计处理方法。

商誉指的是在进行企业收购时被核算的各种无形资产。关于商誉，IFRS 和日本会计准则最大的差异就在于，是否需要在一定期间内以费用的形式对商誉进行摊销。

具体来说，**日本会计准则将商誉看作是为了将来产生利润而进行的投资，因此必须在收购后 20 年内完成摊销。**

而 IFRS 和美国会计准则为了让资产能够以合适的价值在资产负债

表上进行核算，所以只要商誉的价值没有出现减少就不需要进行摊销。

正如前文中提到过的那样，IFRS 对资产负债表非常重视。也就是说，采用 IFRS 的企业进行收购之后，表示无形价值的商誉只要没有减少就不需要进行摊销，而是直接被核算在资产负债表中。

如果企业业绩不佳，导致商誉的实际价值出现了下降，那么在资产负债表上就要将商誉的实际价值反映出来。

这就导致日本会计准则、IFRS 和美国会计准则在业绩的表现上产生了巨大的差异（图表 1—11）。

图表 1—11　日本会计准则与 IFRS 在商誉核算上的差异

	日本会计准则	IFRS
是否摊销	20 年以内摊销完毕	不摊销
减值损失	适用	适用
对利润的影响	摊销了商誉， 所以利润降低	不摊销商誉， 所以利润不会降低
对资产的影响	摊销了商誉， 所以商誉逐渐减少	不摊销商誉， 所以商誉（资产）没有变化

按照日本会计准则，收购核算了商誉之后，商誉的摊销费用，会导致利润减少，资产也会因为摊销商誉而减少，这就使投资效率看起来更高。此外，因为商誉随着摊销会越来越少，所以即便在被收购的企业业绩下降导致商誉价值下降的情况下出现减值损失，在实际核算时金额也

不会特别巨大。

按照 IFRS 和美国会计准则的话，收购后因为不需要摊销商誉，所以利润不会减少，但商誉一直作为资产核算，企业的资产会因为收购而持续增加，这就导致投资效率看起来很差。此外，因为商誉一直没有减少（没有摊销），所以当被收购的企业业绩下降时出现的减值损失在实际核算时金额特别巨大。

综上所述，在企业进行过巨额的收购产生巨额商誉的情况下，不同的会计准则会导致业绩出现很大的差异，这一点必须注意。

有一些日本企业采用的是美国会计准则，在商誉的摊销上和 IFRS 是一样的。

日本导入 IFRS 的情况及引发的变化

日本目前（2019 年 4 月）还没有强制要求企业采用 IFRS，但从 2010 年 3 月期开始，承认企业采用 IFRS 制作的合并财务报表。

日本电波工业在 2010 年 3 月期率先采用 IFRS，截至 2019 年 6 月，日本已经有 187 家企业都采用了 IFRS。如果再加上计划今后采用 IFRS 的 26 家企业，那么就有 213 家企业采用 IFRS。（日本交易所集团的统计数据）

由此可见，日本也在逐渐采用 IFRS，未来或许会有相当多的企业都采用 IFRS。

在导入 IFRS 的同时，为了统一集团企业的决算期，以及更便于和海外的竞争企业进行业绩对比，很多原本在 3 月进行决算的企业也会变更为在 12 月决算。

比如花王从 2016 年 12 月期开始导入 IFRS，但早在 4 年前的 2012 年就将决算期从 3 月变更为 12 月。尤妮佳也在 2016 年 12 月期开始导入 IFRS，并且在 2 年前的 2014 年将决算期从 3 月变更为 12 月。

正如前文中提到过的那样，在 IFRS 的营业利润中，含有按照日本会计准则不被核算在营业利润中的损益。

因此，为了便于同以日本会计准则进行核算的营业利润进行比较，以及核算主要事业真实的业绩，有时候企业也会采用自己特有的利润指标来进行核算并公布。

比如 J.FRONT RETAILING 和阿斯特拉斯制药特有的利润指标就分别是事业利润和核心营业利润。

案 例

导入 IFRS 的影响和特有的利润指标
——J.FRONT RETAILING 和阿斯特拉斯制药

J.FRONT RETAILING 从 2017 年 2 月期开始导入 IFRS。因此，在其合并损益表中，按照日本会计准则不被核算在营业利润之内的其他营业损益也被包含在营业利润中，具体来说包括：出售固定资产的收益、其他收入、处理固定资产的损失、其他支出等。

结果 J.FRONT RETAILING 在 2017 年 2 月期的营业利润如果按照日本会计准则来算的话是 445 亿日元，按照 IFRS 核算的话则是 417 亿日元，降低了 28 亿日元。而合并资产负债表上的资产，因为土地等固定资产的金额按照时价核算，导致包括土地、土地租赁权等资产和利润剩余金等资本全都减少，资产合计从 10,501 亿日元降低到 10,050 亿日元，减少了大约 450 亿日元。

J.FRONT RETAILING 在导入 IFRS 的时候，为了便于同以日本会计准则进行核算的营业利润进行比较而以"事业利润"的名称公布了其主要事业的业绩。

事业利润＝
IFRS 营业利润－ IFRS 其他营业收入等
＋ IFRS 其他营业费用等

注: 其他营业收入和其他营业费用包括出售固定资产的收益、其他收入、处理固定资产的损失、其他支出等。

将这个事业利润与根据 IFRS 核算的营业利润进行对比的话，我们会发现以下的差异:

J.FRONT RETAILING 的 IFRS 营业利润和事业利润的比较

	2017 年 2 月期	2018 年 2 月期	2019 年 2 月期
IFRS 营业利润	417 亿日元	495 亿日元	409 亿日元
事业利润	449 亿日元	468 亿日元	455 亿日元

出处: 根据有价证券报告书及决算资料制作。

从 2017 年的数据来看，事业利润与日本会计准则的营业利润之间虽然有差异，但差异不大。

阿斯特拉斯制药从 2014 年 3 月期开始导入 IFRS。在这个阶段，阿斯特拉斯制药将核心营业利润作为企业经常性的收益指标公布。核心营业利润的数字是从根据 IFRS 核算的利润（整体利润）中，减去非经常项目的减值损失、出售有形固定资产的损益、重组费用、灾害损失、诉讼等巨额赔偿或和解金等调整项目之后的数字，与根据日本会计准则核算的营业利润比较接近。

将 2018 年 3 月期和 2019 年 3 月期的整体利润与核心营业利润进行对比如下：

阿斯特拉斯制药的核心营业利润与整体利润对比

	2018 年 3 月期		2019 年 3 月期	
	核心营业利润	整体利润	核心营业利润	整体利润
营业利润	2,687 亿日元	2,133 亿日元	2,785 亿日元	2,439 亿日元

出处：根据有价证券报告书、决算信息以及决算资料制作。

由此可见，IFRS 与日本会计准则之间存在着许多不同之处。而各个企业也采取了各种各样的办法来消除两者之间的差异，让企业的业绩能够更加一目了然地传达给外部。

后话

导入 IFRS 是为了方便比较

三谷与财务部部长川上交谈后得知，在日本已经有两百多家企业采用 IFRS 制作财务报表，S 社作为行业内的知名企业之一，为了吸引全世界的投资者，以及便于同海外企业进行业绩比较，也打算导入 IFRS。

将决算日改变为 12 月 31 日，是为了将包括子公司在内的集团企业的决算日统一，S 社的海外子公司基本都在 12 月末进行决算，所以日本的总部也决定变更为 12 月末决算。

至于可能会给现场造成负担的年末大批量供货情况，可以将供货期稍微提前或延后，也可以将部分业务委托给外包公司来完成，这样就能极大地减轻现场的负担。

之所以导入事业利润的指标，是因为 IFRS 的营业利润中核算的项目与日本会计准则之间存在许多差异，为了便于同过去的营业利润进行比较，以及便于公布主要事业获取的利润，S 社才导入事业利润的指标。川上还说，导入 IFRS 之后，因为不必再摊销商誉，所以前几年在亚洲收购的子公司的商誉全部保留，这会使利润增加不少。

听完川上的说明，三谷对导入 IFRS 的原因和作用基本全搞清楚了。接下来，为了让自己负责的事业部也能对导入 IFRS 产生的影响做出及时应对，三谷打算召集部门内的相关人员开一次会议。

总 结

▶ IFRS 是为了让全世界的投资者能够对不同国家的企业的财务报表进行对比而推出的全球化的准则，被世界上许多国家作为会计准则采用。

▶ 日本和美国并没有完全采用 IFRS，但两国会计准则与 IFRS 之间的差异正在逐渐缩小。

▶ 将 IFRS 与日本会计准则进行对比，前者具有①只制定基本的准则、细节交给企业各自判断的原则主义和②重视资产负债表这两个特征。

▶ 与日本会计准则相比，IFRS 将资产负债表称为财务状况表，将"固定"称为"非流动"，并且采用将非流动项目排在流动项目之前的固定排序法。在损益表方面，IFRS 的营业利润中包含的项目更多，而且不核算经常利润。

▶ 日本会计准则与 IFRS 在对商誉的处理方法上也有很大的区别，日本会计准则要求摊销商誉，IFRS 却不摊销。因此，有商誉的企业在采用 IFRS 的情况下，虽然利润和资产会增加，但也同样容易出现减值损失。

▶ 日本截至 2019 年 3 月末有大约 200 家企业导入了 IFRS，而且这个数字还有逐渐增加的趋势。与此同时，导入 IFRS 的企业也将决算期统一为 12 月末，并且为了向外界公布主要事业的利润而采用事业利润、核心营业利润等特有的利润指标。

5 ROA和ROE 透露出的信息

ROE 太低会导致 社长被迫辞职？

在某大型食品生产企业担任研究开发部部长的山川，每天早晨起来之后都会一边吃早餐一边看当天的报纸。当翻到经济版的时候，"X 社社长因为 ROE 过低辞职"的标题吸引了他的目光。

X 社是山川任职的企业的竞争对手之一，拥有非常强大的产品开发能力，山川作为研究开发的负责人对 X 社也非常关注。不过，X 社近年来收购的海外事业业绩不佳，导致总部的业绩也受到了影响。股东大会似乎对业绩不佳非常不满，甚至提出了让社长引咎辞职的要求。

山川不由得感叹"当今时代压力真大"，同时也对文章中提到的"ROE"这个词有些在意。

山川在最近的报纸和杂志上经常能够看到 ROE 这个词，在会议上也听到过好几次。山川一直在研究开发部门工作，对财务数值一窍不通。于是他决定找刚刚从经营企划部门调到研究开发部门的桐谷问个明白。

ROE 是股东权益报酬率

ROE 是 Return on Equity 的首字母缩写，指的是利润（Return）与股东提供的资金（Equity）之间的比率。

它是股东对企业的投资效率进行评估时使用的指标，因此被称为股东权益报酬率（或自有资本利润率）。具体来说，就是用当期净利润除以股东对企业投入的资金（自有资本，与股东权益基本相同）之后计算出的数值。

$$ROE = \frac{（归属母公司股东的）当期净利润}{股东权益（自有资本）}$$

注：自有资本＝净资产－非控股股份－新股预约权。

近年来，日本的上市企业对 ROE 愈发重视。根据三井住友信托银行的调查，截至 2017 年秋，被调查的上市企业中有 37% 都将 ROE 设为财务目标。具体的 ROE 目标在 8%～15% 之间。

比如一直以来业绩良好的工程机械生产企业小松的目标为 10%以上（2019 年 3 月期），日本最有代表性的制药企业之一盐野义制药 2020 年度的目标为 15% 以上（2019 年 3 月期）。

ROE 之所以受到世人的关注，主要是受 2014 年 8 月发表的伊藤报告和 ISS（Institutional Shareholder Service：机构股东服务公司）的影响。

伊藤报告由日本经济产业省主导，倡导实现可持续发展的竞争力，构筑企业与投资者的和谐关系，建议日本企业将 ROE 的最低水准设置为 8%，并以此为基础提高自身的盈利能力。

ISS 则建议：在从 2015 年开始的过去 5 年间，平均 ROE 不足 5% 且没有改善趋势的企业，应该更换经营者（一般是会长或社长）。

于是越来越多的企业将 ROE 的目标值设定为最低 5%，基本为 8% 左右。

日本上市企业的 ROE 在 10% 左右，相较于美国大企业 ROE 为 15% ～ 20%，欧洲大企业 ROE 为 10% ～ 15%，日本上市企业的 ROE 就显得有点低了。

尽管这个平均值比前文中提到过的伊藤报告和 ISS 给出的目标更高，但与海外企业相比，日本企业还有一定的成长空间。

将 ROE 分解为
三个比率的杜邦分析体系

为了找出 ROE 升高或降低的原因，把握提高 ROE 的关键，常用将 ROE 的分母和分子各自乘以营业收入与总资产，使其分解为以下三个比率的分析方法。因为这个分解公式最早由美国杜邦公司成功应用，所以被称为杜邦分析体系。

杜邦分析体系的 ROE 分解公式

$$ROE = \frac{当期净利润}{营业收入} \times \frac{营业收入}{总资产} \times \frac{总资产}{自有资本}$$

$$= 当期净利润率 \times 总资产周转率 \times 财务杠杆$$

注：公式中的当期净利润指归属母公司股东的当期净利润。

其中的前两个比率分别是反映企业获利能力的当期净利润率和反映企业资产利用效率的总资产周转率。

至于财务杠杆，反映的是企业对贷款和公司债券等借贷资金的利用效率。具体来说，如果借贷资金多，就会使作为分子的总资产增加，在自有资本较少的情况下，财务杠杆就会变高。

反之，在没有借贷的情况下，因为总资产几乎都是自有资本，分子和分母之间的差距并不大，所以财务杠杆也会很低。

根据上述分解公式，要想提高 ROE，就必须通过提高事业的盈利能力来提高当期净利润率，通过提高资产的使用效率来提高总资产周转率，以及适度地利用借贷资金使财务杠杆保持在合适的水平。

此外，通过杜邦分析体系对日本企业的平均 ROE 低于欧美企业的现象进行分析我们会发现，最主要的原因是当期净利润率过低。

通过杜邦分析体系对 ROE 呈现上升趋势的企业状况进行分析我们会发现，大多数企业的当期净利润率也都呈上升趋势。

由此可见，要想提高 ROE，最关键的一点就是以提高当期净利润率为中心来进行思考。

ROA 是资产收益率

ROA 是 Return On Assets 首字母的缩写，指的是资产（Assets）与利润（Return）之间的比率。作为对企业所持资产的投资效率进行评估的指标，从某种意义上来说，能够反映出企业获取利润的效率，因此也被称为资产收益率。

具体的计算方法是用经常利润等利润除以企业拥有的全部资产。

$$ROA = \frac{利润}{总资产}$$

注：公式中的利润指的是经常利润或支付利息前的经常利润等。

日本经常使用经常利润作为分子。但在拥有大规模借贷资金的情况下，针对事业的投资效率进行评估时，为了排除其他因素的影响，也会使用支付利息前的经常利润作为分子。

与 ROE 的杜邦分析体系一样，ROA 也会被分解为两个比率来进行分析。具体来说，是将分母与分子各自乘以营业收入，分解为如下两个比率：

$$ROA = \frac{利润}{营业收入} \times \frac{营业收入}{总资产}$$

$$= 营业利润率 \times 总资产周转率$$

根据上述分解公式的结果，可以看出两点。

第一点是**事业的特征**。

比如亚玛达电器开展降价促销的时候，因为价格很低，所以营业利润率也很低。但折扣店不必在店铺上投入太多的资金，而且销量比较高，所以总资产周转率也会随之变高。

也就是说，薄利多销型事业的 ROA，会呈现出营业利润率低而总资产周转率高的特征。

奢侈品等以高附加价值为主的事业则因为比较高的价格而拥有较高的营业利润率。但与此同时，奢侈品需要在店铺上投入较多的资金，而且销量往往不高，所以总资产周转率也较低。

也就是说，高附加价值型事业的 ROA，会呈现出营业利润率高而总

资产周转率低的特征。

只要比较这两个比率的关系，就可以判断出其事业特征属于薄利多销型还是高附加价值型。

第二点是通过将分解的比率与优秀的竞争对手对比，我们**能够发现企业存在的课题。**

比如与竞争对手相比，在自身的营业利润率较低的情况下，可能存在价格过低、折扣过多、成本以及营业费用和一般管理费过高等课题。

如果与竞争对手相比，自身的总资产周转率较低，则可能存在应收账款回收周期过长、存货过多、设备投资过多导致资产过高、高价的设备对营业收入的提升没有做出贡献等课题。

虽然关于哪一个是真正的课题还需要进行更深入的挖掘，但这至少可以给企业提供一些线索。

ROA 与 ROE 之间的关系

接下来让我们将 ROA 的分解公式与 ROE 的分解公式进行对比。

$$ROE = \frac{当期净利润}{营业收入} \times \frac{营业收入}{总资产} \times \frac{总资产}{自有资本}$$

$$ROA = \frac{利润}{营业收入} \times \frac{营业收入}{总资产}$$

都与利润率有很深的关系　　完全相同

通过这个对比不难看出，ROE 的当期净利润率和 ROA 的营业利润率虽然并不相同，但都是与营业收入有关的利润率。也就是说，如果 ROA 的营业利润率提升的话，那么 ROE 的当期净利润率也会相应提升。

而位于 ROE 分解公式中的总资产周转率与 ROA 分解公式中的总资产周转率完全相同。

也就是说，**ROE 分解公式的前两个比率与 ROA 分解公式的比率几乎重合，所以 ROE 与 ROA 之间存在着很密切的关系。**

当企业整体设定了提高 ROE 的目标时，事业部设定提高 ROA 的目标，从方向性的角度来说是基本一致的。

将 ROE 作为企业内部的评估基准和目标使用的话容易引发各种各样的问题，所以各事业部经常将 ROA 作为评估基准和目标。

比如事业部以 ROE 为评估基准和目标时，就必须统计事业部自身的当期净利润和自有资本。但这两项数据统计起来非常麻烦。

一个企业的自有资本是整个企业从股东手中获得的资本，并没有具体分配给各个事业部。因此，企业中的各个事业部并不清楚自己拥有多少自有资本。虽然可以按照营业收入或资产的多少强行对自有资本进行分配，但这种分配方法并不能准确地体现出各事业部实际的自有资本情况。

当期净利润也存在同样的问题，因为各事业部都存在一些无法分配的共同经费，所以想按照各事业部分别计算当期净利润基本是不可能的。由于无法 100% 准确地对自有资本和当期净利润进行分配，就可能出现不公平的问题。因此，各事业部难以接受以 ROE 作为评估基准和目标。

与之相比，ROA 中的总资产可以通过各事业部实际拥有的设备和存货等资产来准确地核算出来，利润也可以根据营业利润来进行核算，因为即便在营业利润中包含一部分共同经费，但其中绝大部分是事业部努力的成果，所以将 ROA 作为评估基准和目标更容易被事业部接受。

此外，要想提高 ROA，企业可以很容易地提出压缩资产、提高营业利润、缩短回款周期、压缩存货、优化设备、提高营业收入、减少成本等具体的方法。这也使得 ROA 更适合作为现场的评估基准和目标。

使用 ROE 和 ROA 时
需要注意的三个重点

综上所述，ROE 和 ROA 都是非常重要的财务指标。但在利用这两个指标时，也有一些需要注意的地方。接下来我将为大家介绍其中比较重要的三点。

第一点是 ROE 与 ROA 并不能体现出企业规模与成长趋势。

正如前文中讲到的那样，ROE 和 ROA 都是百分比的数值。百分比的数值虽然能够表现出盈利的效率，却无法表现出企业的规模。也就是说，即便 ROE 和 ROA 的数值都比较高而且呈现出上升的趋势，并不一定就意味着企业的规模出现了扩大，或者企业整体呈现出成长的趋势。要想确认企业是否在规模上有所增长，我们必须做更进一步的调查。

第二点是要想提高 ROE，不能过度依赖位于分解公式最后的财务杠杆。

财务杠杆与借贷资金的多少有关，一般来说，借贷资金越多财务杠杆越高。也就是说，如果用大量借贷资金提升财务杠杆，那么 ROE 也会随之提高。

借贷资金过多会导致财务风险提升，对企业来说，为了维持一定的安全性也有必要控制借贷资金的比率。

从这个角度来考虑的话，不能依赖提高财务杠杆来提高 ROE，而是应该以提高当期净利润率和总资产周转率为主。

第三点是 ROE 的目标值应该以各企业的股东期待的盈利目标为基准。

一般情况下，股东会将最容易获得的利息（比如国债的利息）作为最低的标准，然后根据各企业的风险（不确定性）来期待获得更多的盈利。

但不同行业、不同企业，其存在的风险各不相同。

比如营业收入与利润变化较大、风险较高的游戏企业，就需要为投资者提供更高的利润；反之，营业收入和利润比较稳定、风险较低的食品企业，则只需为投资者提供差不多的利润即可。

综上所述，不同的企业需要设定不同的 ROE 目标值。

案 例

通过 ROE 看明治控股的变化

2009 年 4 月，明治制果与明治乳业合并，随后又在 2011 年 4 月将食品事业公司和药品事业公司收归旗下，成立了明治控股。明治控股过去 5 年间 ROE 的变化如下：

ROE	=	当期净利润率	×	总资产周转率	×	财务杠杆
(2014年3月期)						
6.0%	=	1.7%	×	147%	×	243%
(2019年3月期)						
12.2%	=	4.9%	×	130%	×	190%

注: 根据有价证券报告书及决算信息计算。

通过上述内容可以看出，过去 5 年间明治控股的 ROE 翻了一番。从 ROE 分解公式的 3 个比率来看，当期净利润率提升了接近 3 倍，总资产周转率稍有下降，财务杠杆也有所下降。

由此可见，明治控股 ROE 的提升，关键在于当期净利润率的提升。具体来说，医药品事业的稳定发展、规模庞大的食品事业的利润率改善对当期净利润率的提升做出了巨大的贡献。

明治控股在这一时期提出了以"加速成长与提高收益"为方针的中期经营计划。在食品事业方面，采取了扩大酸奶与奶酪市场、调整价格以应对原材料价格上涨、集中资源加强优势产品种类等措施，使得这一方针取得了预期的成效。

但明治控股过去 5 年的 CAGR（Compound Annual Growth Rate: 复合年均增长率，指一项投资在特定时期内的年度增长率）为 1.8%，与中期经营计划提出的营业收入目标相比还有一点差距。

关于面向 2026 年的中长期经营指标，明治控股提出了营业利润增长（年平均 8% 的增长率）、提升海外营业收入（20% 以上）、维持 ROE（10% 以上）的方针，这意味着明治控股要在维持当前的盈利能力和投资效率的同时，将事业重心放在海外。

要想改善利润率，
可以调整价格或调整定位

山川在听完桐谷的说明之后，终于明白了 ROE 的意义和其最近颇受关注的原因。同时也理解了为什么竞争对手 X 社的股东大会对 ROE 如此敏感。

不过，桐谷说日本企业的利润率与欧美企业相比普遍偏低，这一点山川之前完全没有意识到，所以也给他留下了深刻的印象。

桐谷还说，他之前听一位非常著名的经营顾问提到，日本企业要想改善利润率，可以采取设定更有竞争力的价格、加强 SKU（Stock Keeping Unit: 存货量单位）管理和长期持续销售、避免过度的自我主义、调整定位（两强争霸、瞄准利基市场）等方法。山川一边听着桐谷的话，一边开始思考研究开发部门都能做些什么。

总 结

▶ ROE 是反映股东投资效率的指标，日本的上市企业的平均 ROE 约为 10%。

▶ 通过杜邦分析法将 ROE 分解为当期净利润率、总资产周转率、财务杠杆之后，就可以对企业的状况进行分析。日本企业的当期净利润率普遍偏低，提高这部分的比率是绝大多数日本企业面对的课题。

▶ ROA 是反映事业投资效率的指标，通过将其分解为营业利润率和总资产周转率两个比率，可以把握事业的特征，找出存在的课题。一般来说，ROA 比 ROE 更适合作为事业部门的评估基准和目标。

▶ 在使用 ROE 和 ROA 时，必须注意以下三点：ROE 与 ROA 并不能体现出企业规模与成长趋势，要想提高 ROE 不能过度依赖位于分解公式最后的财务杠杆，以及 ROE 的目标值应该以各企业的股东期待的盈利目标为基准。

6 解读
收益性与效率性

不同行业的营业利润
差别竟如此巨大

　　几天前，在某大型食品超市担任东京地区总部部长的饭岛与久未谋面的大学同学小野一起吃了顿晚餐。他和小野不仅曾是同班同学，还同为网球部的成员，大学四年间几乎一直待在一起，可以说是形影不离的好朋友。

　　小野在大学毕业之后进入某大型化妆品生产企业成为一名营业员，前几天刚刚晋升为营业总部部长。两人共进晚餐就是为了庆祝这件事。在回忆完大学时代又交流过关于朋友的消息之后，两人谈论起工作上的话题。小野充满自豪地说道："化妆品的原材料成本率大约在25%。应收账款的回收期是月末之后的一个月内，存货时间大约半年。本年度我实现了营业利润率15%的目标，拿到了不少奖金呢。"

　　饭岛任职的食品超市的原材料成本率高达75%，但因为大都是现金交易，所以回款周期很短。而且存货如果是生鲜食品的话，保存的时间也不能太长。通常营业利润率只有3%～4%。

　　15%的营业利润率对饭岛来说简直是想都不敢想的事情。他在对不同行业的营业利润率差异之大感慨万千的同时，也对背后的原因产生了兴趣。

收益性
——用"百分比"衡量创造利润的能力

收益性一般指的是企业创造利润的能力的高低。

具体来说，就是以损益表为基础，各项数值与营业收入相比得到的利润率。比如营业毛利率、营业利润率、经常利润率、当期净利润率等。前面损益表的部分我已经对这几个利润率进行过说明，这里让我们简单地复习一下。

营业毛利率指的是营业收入减掉原材料成本之后的利润率。

不同行业的营业毛利率各不相同，日本的生产企业和零售企业的利润率大多在 20% ～ 30% 左右。与同行业的其他企业相比，如果自身的营业毛利率偏低，可能存在价格设定太低、折扣太多、原材料成本太高等课题。

营业利润率指的是从营业毛利中减去营业、市场营销、管理等成本之后的利润率。

与营业毛利率一样，不同行业的营业利润率也各不相同，一般来说，薄利多销的行业在 5% 左右。如果生产和销售的是具有一定附加值的商品则在 10% 左右。与同行业其他企业相比，如果自身的营业利润率偏低，可能存在营业费用和一般管理费中某项费用所占的比率过高的课题。但绝大多数情况下，企业对于管理相关的成本都会控制得比较严格，所以问题大多出在促销费用没有取得理想的成果上。

经常利润率指的是从营业利润中加上营业外收入和营业外费用（比如利息、分红、汇兑损益等财务相关的收益和费用）之后的利润率。

因为绝大多数的企业都有一定的借贷资金，所以经常利润率往往比营业利润率稍低。借贷资金越多，经常利润率与营业利润率相比降低得就越多；反之如果没有借贷资金却拥有较多的存款或股份，则能够获取较多的利息和分红等营业外收入，这样经常利润率就会比营业利润率更高。

通过对企业的营业利润率与经常利润率进行对比，我们就能够把握该企业是拥有较多的借贷还是拥有较多的存款，从而对企业的财务健康程度有一定的了解。

当期净利润率指的是从经常利润中加上特别利润和特别损失，并减去法人税等税金之后计算出的利润率。 法人税等税金一般为利润的30% 左右，如果特别利润和特别损失并不大，经常利润的 70% 就是当期净利润率。如果特别利润或特别损失比较大，通过分析具体的内容，我们就能把握企业的状况或发现企业存在的课题。

此外，收益性与当期净利润率之间也存在着非常密切的联系。对收益性进行分析，说白了就是利用各种营业利润率对当期净利润率进行分析。

效率性
——"小 BS 与大 PL"是最有效率的组合

效率性指的是，以较小的资产和负债（与 BS 相关的项目）获得较多的营业收入和利润（与 PL 相关的项目）的能力的高低。具体来说，"小BS 与大 PL"是最有效率的组合，是理想的状态。效率性与 ROE 分解公式中的总资产周转率有很密切的联系。

从总资产周转率的计算公式来看，以较小的资产取得较高的营业收入，就意味着事业的投资效率较高。其中资产属于 BS 的数字，营业收入属于 PL 的数字，BS 与 PL 之间的关系正如前文中提到过的那样。

"小 BS 与大 PL"是最有效率的组合。

事实上，从效率性的比率来看，所有 BS 的数字和 PL 的数字都与其有关。

具体来说，总资产周转率、应收债权周转期、存货资产周转期、应付债务周转期这 4 个比率都很重要。我来逐一进行说明。

①总资产周转率

让我们复习总资产周转率的计算方法：

$$总资产周转率 = \frac{营业收入}{总资产}$$

因为**总资产（分母）越小，营业收入（分子）越高，就意味着"效率越高"**，所以总资产周转率的数值也是越高越好。但因为不同行业的总资产周转率各不相同，所以**最好用同行业的企业进行对比**。

一般来说，制造业的总资产周转率在 100% 左右。

也就是资产的金额与营业收入基本相同。

薄利多销的零售行业总资产周转率一般在 150% ～ 250%。

这是因为零售行业的营业收入普遍偏高。

反之，对于资产比较多的行业来说，比如**拥有大量设备的铁道行业或以租赁为中心的不动产行业，总资产周转率一般在 30% ～ 50%。**

但将生产流程外包出去，专注于设计和开发的制造业，以及不开设实体店铺、主要通过网络销售的零售业等，与同行业的其他企业相比，因为有形固定资产所占的比率很少，所以总资产周转率也很高。

由此可见，即便在同样的行业中，采取不同商业模式的企业其总资产周转率也不同，这一点必须注意。

这种主动不持有有形固定资产的商业模式也被称为"轻资产运营模式"。

以写字间租赁业务为中心的不动产企业将建筑物以 REIT（Real Estate Investment Trust：不动产信托投资基金）的形式证券化，专注于不动产事业的运营；或者酒店企业将建筑物卖掉，专注于酒店的运营等，都属于轻资产运营模式。

因为这种模式能够在维持一定程度的营业收入与利润的同时极大地压缩资产，所以是提高效率的有效方法之一。但采用这种运营模式的时候，企业必须在有形固定资产之外的部分实现差异化来争取竞争优势，所以必须要有一定的企划和设计能力，还要有优秀的运营能力。

②应收债权周转期

应收债权周转期指的是从商品销售出去之后到资金回收的平均时间。计算方法如下：

$$\text{应收债权周转期} = \frac{\text{应收债权}}{\text{日均营业收入}}$$

注：应收债权包括应收账款和票据等。日均营业收入一般用年度营业收入除以 365 计算。

应收债权周转期越短越好。时间越短说明资金回收顺利，不良债权数量较少。而且应收债权周转期短，意味着比较小的应收债权（BS 的项目）和比较大的营业收入（PL 的项目）的组合，刚好与提高效率的组合相吻合。

不同行业的应收债权周转期也各不相同：

以现金交易为主的零售业和餐饮业等 B2C 的行业应收债权周转期都比较短。

B2B 的行业应收债权周转期则普遍在 45 日（约 1.5 个月）～ 75 日（约 2.5 个月）的程度。

大家可以简单理解为这个月末结账下个月收款，或者这个月末结账下下个月收款。

如果是零售企业，在与同行业的企业相比时，应收债权周转期更长，可能存在这些情况：①用信用卡消费的顾客比较多，②店铺大多位于大商场或购物中心，每天的收入统一暂存在商场或购物中心，导致存在较多的应收账款，③有许多特许经营的连锁店，导致存在较多的授权金和应收账款。

如果是 B2B 企业，则可能是由于与顾客之间的关系不够紧密，或者为了促销而采取了延长回收期的策略等原因。如果与同行业的企业相比回款周期长很多，企业就需要找出真正的原因并努力缩短周期。

③存货资产周转期

存货资产周转期指的是存货的平均在库时间。

$$存货资产周转期 = \frac{存货}{日均营业成本}$$

注：存货包括产品、商品、半成品、原材料、储藏品等。日均营业成本一般用年度的总营业成本除以 365 计算。

存货资产周转期也是越短越好。时间越短说明商品和产品的销售顺利，没有不良存货。与应收债权周转期同样，时间短意味着比较小的存货（BS 的项目）和比较大的营业成本（PL 的项目）的组合，刚好与提高效率的组合相吻合。

不同行业的存货资产周转期也各不相同：

经营生鲜食品等商品的超市和餐饮业的存货资产周转期很短。
生产需要很长时间的住宅、公寓以及能够长期保存的药品和化妆品等行业的存货资产周转期很长。

与同行业的其他企业相比，自身的存货资产周转期较长，可能是因为存在销量不佳、拥有不良存货、存货管理不到位等课题，必须找出真正的原因并努力缩短周期。

④应付债务周转期

应付债务周转期指的是购买原材料与商品之后到支付货款的平均时间。

$$应付债务周转期 = \frac{应付债务}{日均营业成本}$$

注：应付债务包括应付账款和票据等。日均营业成本一般用年度的总营业成本除以 365 计算。

应付债务周转期很难判断究竟是越短越好还是越长越好。如果从尽可能保留现金的角度来说，应该是越长越好；如果尽早支付货款能够得到折扣或者提高自身的议价能力，那么应该是越短越好。

不同行业的应付债务周转期也各不相同，一般来说在 45 日（约 1.5 个月）～ 75 日（约 2.5 个月）的程度。

与应收债权周转期一样，可以简单地理解为这个月末结账下个月付款，或者这个月末结账下下个月付款。

日本企业的应付债务周转期与海外企业相比普遍偏长，在保持折扣优惠和议价能力的基础上，尽量缩短应付债务周转期为上策。

⑤ CCC

最近很多企业都提出了"缩短 CCC"的目标。

CCC 是 Cash Conversion Cycle 首字母的缩写，意思是现金循环周期。也就是以日均营业收入为基础，计算每天的事业运营需要多少资金。具体的计算公式如下：

CCC ＝ 应收债权周转期 ＋ 存货资产周转期 － 应付债务周转期

注：为了保证比较基准的统一，最好将所有周转期的分母都替换为日均营业收入。

CCC 越短越好。CCC 短说明应收债权周转期短，存货资产周转期短，应付债务周转期适中。

这意味着企业在每天的事业运营中，所需的现金量较少，效率较高，而且能够迅速地产生出现金。

因此越来越多的企业为了缩短 CCC，而想办法缩短应收债权周转期和存货资产周转期，并且将应付债务周转期控制在一定的时间之内。

接下来让我们看几个缩短 CCC 的案例。

第一个是零售业和餐饮业等以现金进行交易的事业的案例。这些事业的应收债权周转期基本为零，CCC 就相当于是存货资产周转期减应付债务周转期。只要减少存货并适当延长应付债务周转期，就可以使 CCC 变为负数。

第二个是旅行社和培训学校等提前收款的事业的案例。因为提前收取了货款，所以实际上应收债权周转期是负数。即便算上公式的剩余部分（存货资产周转期－应付债务周转期），CCC 最终的结果也往往仍然是负数。

第三个是像亚马逊和苹果那样延期支付的事业的案例。这些事业的应付债务周转期会超过应收债权周转期＋存货资产周转期，导致 CCC 变为负数。在 CCC 为负数的情况下，产品又卖得好，营业收入增加，现金自然滚滚而来。

在 CCC 变为负数之前，缩短 CCC 能够极大地减轻事业运营中的资金负担。从减轻资金负担和提高产生现金流效率的角度来说，应该尽可能缩短 CCC，或者采取能够缩短 CCC 的体制。

在前文中介绍的这些衡量效率性的指标中，通过分析应收债权周转期和存货资产周转期的长短，我们能够把握仅凭营业收入和营业利润无法了解的一部分事业状况。

首先看**应收债权周转期比较长**的情况，这可能是因为**出现不良债权或跨年度的销量激增**。

不良债权是非常严重的问题，必须努力回收。

跨年度的销量激增也需要特别注意。一般情况下，因为各年度末期销售出去的商品还没来得及回收货款，这部分年度末期未回收的货款就成了**应收债权**。如果是这种情况导致的应收债权增加，意味着商品的销量很好，一般来说是好事。

但需要注意的是，年度末期的销量激增有可能是强行促销的结果。

具体来说，很多企业会采取在年度末期强行出货来保证营业收入的情况。这种**弄虚作假的方法**是否能算作真正的营业收入需要慎重地考虑。就算这些营业收入是合法的，但由于销量被提前释放出来，很可能**导致下一年度的营业收入暴跌**。

由此可见，当应收债权周转期变长的时候，可能存在上述问题，必须找出真正的原因并采取适当的对策才行。

其次是存货资产周转期，这部分需要根据存货内容来分别进行分析：

如果是原材料、零件等生产原料的存货过多，一般来说是不好的信号。

这意味着即便采购了原材料和零件也无法生产或者没有生产必要，也就是几乎没有订单的状态，或者原材料和零件的价格出现了飙升。

如果是半成品的存货比较多，则是比较好的信号。

这意味着订单很多，生产比较活跃。

如果是完成品的存货比较多，也属于不好的信号。这意味着生产出来的商品没有如预期的那样顺利销售出去。

综上所述，**应收债权周转期和存货资产周转期是能够反映现场状况的数字。**

当这两个数字出现变化的时候，我们只要找出导致其变化的原因，就能把握现场的状况和课题。

收益性与效率性
是此消彼长的关系

收益性与效率性不仅与 ROE 有关，与 ROA 也有很深的联系（图表1—12）。接下来让我们再来看一看 ROA 的分解公式：

$$ROA = \frac{利润}{营业收入} \times \frac{营业收入}{总资产}$$

$$= \underset{(收益性)}{营业利润率} \times \underset{(效率性)}{总资产周转率}$$

营业利润率能够反映收益性，总资产周转率能够反映效率性。

一般情况下，营业利润率与总资产周转率之间是此消彼长的关系。

薄利多销的零售企业，因为薄利，所以营业利润率比较低，而多销则意味着较高的总资产周转率。

销售奢侈品的企业，因为商品的价格较高，所以营业利润率较高，但由于维持豪华店铺等需要大量的资产，所以总资产周转率比较低。

也就是说，通过收益性和效率性，我们能够判断出事业的结构和特征。尽管两者属于此消彼长的关系，也应该在可能的范围内尽量提高两者的数值。

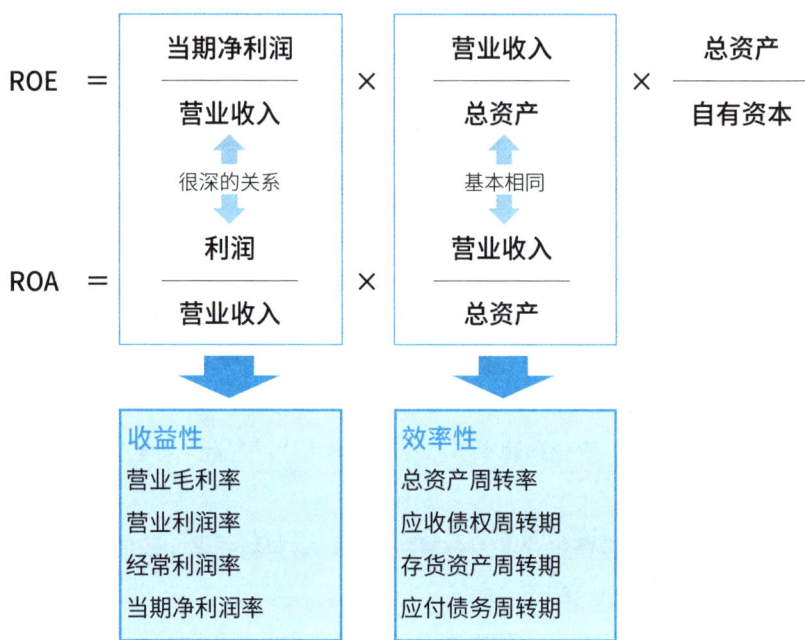

案 例

通过 ROA 发现平松与萨莉亚的区别

平松是一家高档西餐厅，萨莉亚是一家平价西餐厅。让我们将这两家企业的 ROA 进行对比。

ROA = 经常利润率 × 总资产周转率

平松（2018 年 3 月期）

6.8% = 13.4% × 51%

萨莉亚（2018 年 8 月期）

8.5% = 5.8% × 147%

注: 根据各企业的有价证券报告书制作。

平松作为高档餐厅，属于经常利润率较高、总资产周转率较低的组合，而萨莉亚作为平价餐厅与平松完全相反，属于经常利润率较低、总资产周转率较高的组合。也就是说，平松依靠利润率来赚取利润，萨莉亚则依靠周转率来赚取利润。

从最终 ROA 的结果上来看，萨莉亚高于平松，这说明萨莉亚的投资效率比平松更高。平松新开拓了酒店业务，开设了许多新餐厅进行扩张，再加上原材料价格上涨，导致其资产和费用增加，ROA 也因此受到了一些影响。萨莉亚也同样受到人工成本上涨的影响，但从整体上来说，萨莉亚的商业模式的投资效率更有优势。

再来看与利润率和周转率相关的收益性与效率性的对比。

平松与萨莉亚的对比

	平松 2018 年 3 月期	萨莉亚 2018 年 8 月期
收益性		
营业毛利率	59.9%	63.5%
营业利润率	13.1%	5.6%
效率性		
应收债权周转期（天）	16	3
存货资产周转期（天）	114	46

注: 根据各企业的有价证券报告书制作。

从收益性的比率来看，虽然萨莉亚的营业毛利率更高，但平松的营业利润率却更高。

平松使用的都是高级食材，而且很多料理都是现场制作，所以原材料成本率更高，导致其营业毛利率与萨莉亚相比偏低。

而在营业利润率方面，平松的餐品价格很高，即便投入一定程度的营业费用和一般管理费也仍然能够保证利润；萨莉亚的餐品价格很低，即便努力提高工作效率，营业费用和一般管理费在营业收入中的占比也非常高。

从整体上来看，平松的商业模式是通过高价格、高附加价值来实现高利润率，而萨莉亚则是利用低价格和低成本来保证一定的利润率。

再来看效率性的比率，不管应收债权周转期还是存货资产周转期，都是平松更长。

平松的顾客大多使用信用卡结账，所以应收债权周转期偏长；萨莉亚为了保证低廉的价格必须想尽一切办法降低成本，所以基本只接受现金结账，应收债权周转期也就非常短。

只接受现金结账的萨莉亚之所以有 3 天左右的应收债权周转期，是因为其拥有一些开在购物中心中的店铺，这些店铺的收入会在购物中心的账户中暂存一段时间。

平松作为餐饮企业之所以拥有这么长的存货资产周转期，是因为拥有一定量的高级食材和红酒；萨莉亚采用的是中央厨房集中生产然后统一配送到店铺的体制，有助于压缩存货。萨莉亚也拥有红酒的存货，但种类很少而且价格很低，所以存货资产周转期也相对较短。

综上所述，萨莉亚的应收债权周转期和存货资产周转期都很短，效率更高。从整体的角度来说，平松的收

益性更高，萨莉亚的效率性更高，这与前文中 ROA 的
分解公式表现出来的结果基本相同。

开展教培事业的泰克教育的 CCC

　　面向企业及个人提供商业实务和资格证书培训
业务，同时还开展出版及人才派遣事业的泰克教育，
2019 年 3 月期的 CCC 如下：

泰克教育的 CCC

应收债权周转期（天）	①	69
存货资产周转期（天）	②	14
应付债务周转期（天）	③	9
预付金周转期（天）	④	108
CCC（天）	①＋②－③－④	－ 34

注：根据决算信息制作。全部以营业收入为基础计算。

通过上表可以看出，泰克教育的 CCC 为 − 34 天。

因为面向企业的业务都有一定程度的回款周期，再加上出版事业会售出一些购书卡，所以应收债权周转期为 69 天。

以教培事业为主的泰克教育只需准备少量的书籍和研修资料作为存货，所以存货资产周转期只有 14 天。

同样，因为只需要采购少量的书籍和资料，所以应付债务周转期也很短，只有 9 天。关键在于预付金。作为泰克教育核心事业之一的、面向个人的资格证书培训事业，在学生申请参加培训时，泰克教育就会收取一定数额的学费。由于预付金的周转期长达 108 天，这就使得泰克教育的 CCC 为 –34 天。

CCC 为负数的话，企业就可以产生大量的富余资金。因此泰克教育（2019 年 3 月期）尽管营业利润率只有 1.7%，净资产比率只有 25.6%，还有大约 64 亿日元的贷款（占资产的约 30%），却拥有大约 53 亿日元的现金和有价证券，接近实际无欠款的状态。

由此可见，要想实现 CCC 为负数的状态，可以开展像泰克教育这样提前收取预付金或保证金的事业。

后 话

不同行业的收益性和效率性各不相同，达成 CCC 目标也很重要

回到家中之后，饭岛一边回忆着小野说过的话，一边通过互联网对许多行业的收益性和效率性做了一番调查。

他发现不同行业之间，反映收益性的营业利润率各不相同，而反映

效率性的总资产周转率、应收债权周转期、存货资产周转期等也因行业的不同而不同。饭岛任职的食品超市做的是薄利多销的生意，一般是低收益性和高效率性的组合。而化妆品行业卖的是高附加值的产品，一般是高收益性和低效率性的组合。

不同行业的商业结构不同，因此在财务上的表现也截然不同。饭岛任职的超市也设定了 CCC 的目标，通过高效率性来弥补低收益性的不足。饭岛为了达成该目标，决定今后努力提高事业的整体水平。

总 结

- ▶ 收益性的比率与损益表有很深的关系，很多利润率都是以营业收入为基础计算出来的。不同行业的收益性也不同，所以应该与同行业的其他企业进行对比。此外，收益性与 ROE 的分解公式中的当期净利润率之间也有很深的关系。可以利用各种利润率对收益性进行更深入的分析。

- ▶ 效率性的比率与 ROE 分解公式中的总资产周转率之间有很深的关系。"小 BS 与大 PL"的组合一般被认为是最有效率的。

- ▶ 效率性的比率中最重要的是①应收债权周转期、②存货资产周转期、③应付债务周转期。CCC ＝①＋②－③，而且数字越小越好。

- ▶ 应收债权周转期和存货资产周转期的变化能够反映出业绩激增、出现不良债权、销量不佳、订单增加等状况，因此有必要从这些角度对数字进行分析。

▶ 收益性与效率性是此消彼长的关系，薄利多销的事业大多是低收益性 × 高效率性的组合，以高附加值商品为主的事业大多是高收益性 × 低效率性的组合。

7 解读
安全性与成长性

合作 30 多年的客户突然提出延迟付款的请求……究竟发生了什么事？

在某泡沫纸生产企业担任营业部部长的竹下，正在查阅家庭用品生产企业 X 社的财务报表。因为在两天前，X 社忽然提出希望将包装材料的货款延迟两周支付，竹下对此感到有些在意。

X 社是竹下合作了 30 多年的客户，他作为营业负责人曾经和 X 社打过很多次交道，与 X 社的社长和采购负责人等许多干部都十分熟悉。X 社几乎所有的产品包装材料都是从竹下的企业购买的，每年的交易金额非常高，因此对竹下来说 X 社是非常重要的客户之一。不仅如此，X 社在半年前推出的新产品销量非常好，因此与之相关的包装订单也大幅增加。

在此之前，X 社从没有提出过延迟付款的请求，一直都按时支付货款。因为担心 X 社可能出了什么问题，竹下立即委托信用调查公司提交了一份报告，并且拿出其中的财务报表仔细地阅读起来。

通过财务报表可以看出，X 社的营业收入比去年增长了 10%，营业利润也保持着提升的趋势，似乎并没有什么危险的情况。但竹下之前从没分析过财务报表，对其中的一些细节内容并不清楚，于是他拿起电话，打算向财务部部长近藤请教一番。

安全性
——利用资产负债表和财务比率进行评估

安全性与 ROE 分解公式中表示借贷资金多少的财务杠杆之间有着很深的联系。

正如前文中提到过的那样，通过资产负债表也能够在一定程度上把握企业的安全性。

一般来说，资产负债表的左上（流动资产）和右下（净资产）越大，安全性就越高。

如果在此基础上再加上财务比率的数字，就可以对企业的安全性进行更加准确的评估。接下来我将为大家介绍几个比较有代表性的比率。

①净资产比率

净资产比率指的是净资产在总资产中所占的比率。具体的计算方法如下：

$$净资产比率 = \frac{净资产}{总资产}$$

这个比率意味着无须偿还的股东的资金（净资产）能够在多大程度上覆盖企业持有的全部资产（总资产）。这个数值越高，企业就越安全。生产、零售、服务等行业的企业的净资产比率一般在 30% ～ 40%。以此作为基准，我们可以判断企业是否安全。此外，净资产比率的安全基准线也因行业的不同而有所不同。

像铁路、不动产等设备投资型企业，因为拥有许多土地、建筑、设备等价值比较稳定的资产，一旦有需要，可以出售的资产较多，只要发展比较稳定，净资产所占的比率稍低也没有问题；反之像游戏行业等的竞争力依赖于人才的能力，事业发展并不稳定，安全起见最好拥有较高的净资产比率。不同行业的安全基准线不同，最好用同行业的企业进行对比。

②负债股权比率

负债股权比率指的是贷款和公司债券等负债（Debt）和从股东手中获得的股权（Equity）之间的比率。具体的计算方法如下：

$$\text{负债股权比率} = \frac{\text{负债（贷款＋公司债券）}}{\text{股权（净资产）}}$$

虽然不同行业的负债股权比率也不一样，但一般来说最好控制在1：1的程度，也就是借贷来的资金与从股东手中获得的资金应该基本相同或者更少。如果当前的负债与股权相比还没达到1：1的程度，可以根据当前的借贷情况，估算出企业还有多少可借贷空间。

③流动比率

流动比率指的是现金、现金存款以及有价证券等能够在一年之内变现的流动资产与一年内必须支付的流动负债之间的比率。

$$\text{流动比率} = \frac{\text{流动资产}}{\text{流动负债}}$$

如果这个比率的数字超过 100%，说明手中的现金或能够迅速变现的资产足以支付未来一年之内的负债，属于安全性较高的情况。企业**最好将这个数字控制在 100% 以上**。

④利息保障倍数

利息保障倍数指的是企业生产经营所获得的息税前利润与利息费用

之间的比率。

$$利息保障倍数 = \frac{息税前利润}{利息费用}$$

如果这个倍数比较高的话，意味着企业的盈利与需要支付的利息相比多得多，属于比较安全的状态。反之如果这个倍数比较低，则意味着企业的盈利与需要支付的利息相比并不多，安全性也相对较低。**这个倍数最低的安全线是 3 倍，优良企业的倍数大多在 10 倍左右。**

⑤信用

在对安全性进行评估时，信用是非常重要的指标。信用是根据企业是否按时偿还公司债券、按时支付利息等情况来评定的。也可以说是从偿还能力上评估的（图表 1—13）。

信用的最高评级是 AAA，往下依次是 AA、A、BBB……到 BBB 为止都可以看作是具有一定安全性的级别，但 BB 以下的评级就属于在安全性上存在问题的等级了。

AAA 的评级只有一档，AA 以下则通常分为 3 档，比如 AA 可以更进一步分为 AA+、AA、AA-。

一般来说，**信用与企业产生现金流的能力是否强大和稳定，以及借贷资金的多少有很深的联系。**

也就是说，企业产生现金流的能力越强、越稳定，借贷资金越少，信用就越高，反之则信用越低。

现金流可以通过利息保障倍数表现出来，借贷资金则可以通过负债股权比率和净资产比率表现出来。

分析企业安全性时，信用是非常值得关注的要素，但实际对企业信用进行评级时，还要考虑财务比率之外的其他要素。

AAA	偿还债务的能力极强，基本不受不利经济环境的影响，违约风险极低
AA	偿还债务的能力很强，受不利经济环境的影响不大，违约风险很低
A	偿还债务能力较强，较易受不利经济环境的影响，违约风险较低
BBB	偿还债务能力一般，受不利经济环境影响较大，违约风险一般
BB	偿还债务能力较弱，受不利经济环境影响很大，有较高违约风险
B	偿还债务的能力较大地依赖于良好的经济环境，违约风险很高
CCC	偿还债务的能力极度依赖于良好的经济环境，违约风险极高
CC	在破产或重组时可获得保护较小，基本不能保证偿还债务
D	不能偿还债务

出处: http://www.r-i.co.jp/rating/about/definition.html

⑥有时候可能会为了成长性而牺牲安全性

企业应该保证多高的安全性呢？对不同行业来说，安全性的标准也不一样。

比如营业收入和利润的变化幅度较小、事业发展比较稳定、拥有许多容易变现的固定资产的企业，即便从财务的角度来看安全性偏低也没有问题。

而营业收入和利润的变化幅度很大、事业发展不稳定，而且没有多少容易变现的固定资产的企业，就必须在财务上表现出较高的安全性。

此外，立场不同的人，对安全性的要求也不一样。

从企业的经营者和员工等内部相关者的立场上来说，为了安心地开展事业，以及在有余力的情况下进行扩张，他们希望拥有较高的安全性。

从企业的客户和供应商的立场上来说，为了建立起长期稳定的合作关系，他们也希望企业拥有较高的安全性。

从银行等资金提供方的立场上来说，为了稳定地回收资金，他们肯定希望企业拥有较高的安全性。

但要是站在股东的立场上来说，情况就会有所改变。因为他们追求的是更多的分红和更高的股价。

这就需要企业提高盈利能力和成长性。

为了做到这一点，企业必须采取削减成本、开发新产品、开拓新市场、成立新事业等方法，但这些方法可能会在一定时间内牺牲安全性。

另外，从股东比较重视的 ROE 的角度来说，通过增加借贷资金提高财务杠杆也是提升 ROE 的手段之一，但这也会降低安全性。

由此可见，对股东来说，安全性并不是越高越好，只要保持在一定程度即可。

成长性
——关注营业收入与资产的增长率

对绝大多数的企业来说，成长性都是非常关键的要素。通过取得成长来扩大规模，能够提升自身在行业中的地位，加强与客户和供应商之间的联系。企业的成长还能增强组织活性，提高员工的工作积极性。接下来我将为大家介绍几个比较有代表性的比率。

①营业收入增长率

一般来说，营业收入的增长是企业成长的基础。营业收入增长率就是用来评估营业收入增长状况的比率。具体来说，包括与上一年度进行对比的增长率，以及与某一时间点的营业收入进行对比的增长率。

$$营业收入增长率 = \frac{本年度营业收入}{上一年度营业收入} \times 100\% - 100\%$$

$$营业收入增长率 = \frac{本年度营业收入}{基准年度营业收入} \times 100\% - 100\%$$

有时候也会用到 3 年间或 5 年间等一定期间的复合年均增长率 CAGR（Compound Annual Growth Rate）。

$$(1 + g)^n = \frac{本年度营业收入}{n\ 年前营业收入}$$

这个公式中的 g 就是 CAGR。

营业收入增长率的高低要与同行业其他企业的增长率进行对比才有意义。即便自身实现了较高的增长率，如果与同行业其他企业的增长率相比处于较低的水平，那么自身的市场份额就会下降。在这种情况下，自身的增长率再高也不能说是成功；反之，即便营业收入增长率不高，只要比同行业其他企业的增长率更高，就能抢占更多的市场份额，从而取得成功。

②总资产增长率

总资产增长率可以从资产的角度对事业规模的扩大程度进行评估。
但如果代表着事业规模的营业收入没有增长的话，只有总资产增长没有任何意义，所以要将总资产增长率与营业收入增长率搭配在一起分析。

③解决隐藏在成长背后的课题也很重要

成长能够提高组织活性和地位，增加员工的工作积极性，所以也与企业的各种课题息息相关。

在成长期被掩盖的课题，当成长速度放缓时就会暴露出来。因此，企业要努力解决那些存在的重要课题。

当较高的增长率长期持续时，人才培养和管理制度等都容易跟不上企业规模的增长，导致许多问题。从这个角度来说，在两段高速成长的间隔期稍微放缓成长的速度，或者保持适当的增长率都是比较合适的方法。

案 例

Mixi、宝洁、花王的安全性对比

在本节中，我为大家介绍了与安全性相关的 4 个财务比率，分别是负债股权比率、净资产比率、流动比率和利息保障倍数。

关于安全性，究竟是越高越好，还是根据事业情况维持在一定水平才好呢？接下来就让我们以 Mixi、宝洁、花王的安全性为例，来进行思考。

这 3 家企业的安全性的比率如下：

Mixi、宝洁、花王的安全性对比

	Mixi	宝洁	花王
	2019 年 3 月期	2018 年 6 月期	2018 年 12 月期
负债股权比率	0%	59%	14%
净资产比率	94%	45%	57%
流动比率	1,292%	83%	169%
利息保障倍数	—	2,758%	4,926%

出处: 根据各企业的有价证券报告书、决算信息、年度报告制作。

　　如果以负债股权比率越低越安全、其他比率越高越安全为前提的话，从上面图表可以看出 Mixi 比宝洁和花王的安全性更高。

　　但从 3 家企业的事业内容来看，Mixi 是以手机游戏为中心的事业，具有非常大的风险性和不稳定性。

　　与之相对的，宝洁和花王都是以日常生活用品等事业为主，属于低风险且稳定的事业类型。也就是说，事业风险较高的 Mixi 如果从财务比率的数字来看，安全性比较高，而事业风险较低的宝洁和花王如果从财务比率的数字来看，安全性则比较低。

事业风险与财务风险的平衡

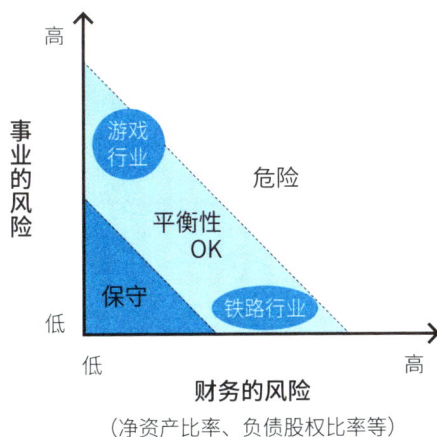

（净资产比率、负债股权比率等）

像上图这样，在事业的风险和财务的风险之间保持平衡的安全性比率是比较合理的。也就是说，当事业风险比较高的时候，就需要较低的财务风险来维持平衡，而当事业风险比较低的时候，则可以将安全性维持在一定的程度即可。

再来比较一下事业领域基本重合的宝洁和花王的安全性比率。从之前图表的数字中可以看出，花王的数字全部比宝洁更加安全。但宝洁除了流动比率之外，其他的安全性比率都在安全水准之上，可以说安全性非常高。

花王与宝洁开展的是同样的事业，事业风险基本相同，但花王的安全性比率却比已经处于安全水准之上的宝洁还要高，这说明花王可能在安全性方面采取了过于保守的策略。从这个角度来说，花王目前拥有足够多的安全空间来采取收购等具有一定事业风险的行动。

宝洁的流动比率低于 100%，处于安全的基准线之下，这是美国优良企业的共同特点。有的企业认为，在业绩良好、其他的安全性比率也处于一定水准之上的情况下，企业持有过多的现金完全是一种浪费。因此这些企业会只保留最低限度的现金，将多余的现金用于投资或事业扩张，结果就会导致流动比率下降。从这个角度来说，宝洁这样的优良企业之所以流动比率这么低，是因为他们将资产更有效地利用了起来。

虽然营业收入提升了，
但安全性不佳

财务部部长近藤对竹下说：要想了解 X 社的财务是否安全，不能只看损益表，还要看资产负债表，最好再考虑与安全性相关的财务比率。

于是竹下按照近藤的建议查看了 X 社的资产负债表，发现对方的现金及现金存款非常少，还有很多的贷款，负债股权比率约为 300%，净资产比率只有 20%，流动比率也只有 60%，可以说安全性堪忧。

根据损益表计算得出的利息保障倍数为 250%，说明与需要支付的利息相比，X 社的营业利润等盈利非常少。

像这样对资产负债表以及与安全性相关的财务比率进行分析之后，竹下发现 X 社处于非常危险的状况中。根据负责 X 社业务的营业员提供的信息，X 社之所以在营业收入提高 10% 的情况下陷入这样的困境，是因为其社长过于重视营业收入的增长，在促销上投入了大量的资源而且给出很高的折扣，货款回收也不顺利。

竹下在思考应该如何给 X 社回复的同时，也深刻地认识到过度重视营业收入增长的危险性。

总 结

▶ 安全性的比率与 ROE 分解公式中的财务杠杆之间有很深的联系。除了净资产比率、负债股权比率、流动比率等根据资产负债表的数字计算出来的比率之外，还有从利润和支付利息的关系对安全性进行分析的利息保障倍数。

▶ 信用指的是企业对贷款和公司债券等借贷资金的偿还能力，是进行安全性分析时非常重要的指标之一。主要通过企业创造现金流的能力和借贷资金的多少两个要素来对其进行评估。

▶ 在事业的稳定度比较低，而且没有像不动产那样价值稳定且易于变现的资产的情况下，安全性就显得尤为重要。但从股东的立场上来说，与一味地追求安全性相比，他们更希望企业能够在维持一定程度安全性的同时追求更高的成长。

▶ 当较高的增长率长期持续时，可能会出现人才培养和管理制度等跟不上规模增长的问题，企业需要特别注意。

8 评估股价的指标：EBITDA 倍率、PER、PBR

故 事

被提拔到经营企划部
却对收购缺乏了解

山下前几天刚从营业部门调任到经营企划部门担任副部长，虽然山下在营业部门取得了非常优异的成绩，但他对营业之外的其他事情并不熟悉。

而为了提高海外营收占比，山下所在的企业打算收购一家海外企业。担任收购顾问的某金融机构的负责人在会议上说了许多专业术语，山下一个也没听懂。

比如 EBITDA、PER、PBR 这三个词。尤其是 EBITDA，在会议中出现了好几次。山下仔细地听大家的讨论内容，终于搞清楚这三个词都是和评估收购金额相关的术语。但具体是什么意思，如何计算，计算出的结果应该如何使用，以及有哪些注意点，山下就完全不知道了。

除了他之外，出席会议的其他人似乎都对这些概念非常熟悉，大家提出的问题都很专业，讨论也十分热烈。

山下作为经营企划部的副部长感到有些焦虑，为了参与到讨论中来，他决定尽快掌握关于收购的专业知识。于是他趁着工作休息的时间给大学时代的好朋友、如今在某外资投资银行担任干部的小松打了个电话。

EBITDA 倍率
——企业价值与营业现金流的比率

EBITDA 倍率是在收购企业时对股价进行评估，以及对上市企业的股价是否合适进行评估时经常使用到的比率。

EBITDA 是 Earnings Before Interest，Taxes，Depreciation and Amortization 的首字母缩写。

其中 **Earnings 是利润、Before 是之前、Interest 是利息、Taxes 是税金，这四个单词就是 EBIT，指的是息税前利润，与营业利润十分接近。**

随后的 Depreciation 是折旧费、Amortization 是无形资产的摊销费。这两个分别是投资设备的资金在设备的使用期平均分摊的费用，以及投资无形固定资产的资金在投资持续期间平均分摊的费用。也就是说，这两者虽然都被核算为年度费用，但现金早已在投资阶段就已经支付完毕，因此在后续的年度中无须支付现金。

也就是说，**EBITDA 是以现金流为基础核算的营业利润，相当于营业现金流。**

因为同行业的企业的 EBITDA 倍率也应该处于相同的水平，所以 EBITDA 倍率经常被用来计算理论股价。

EBITDA 倍率的计算公式如下：

$$\text{EBITDA 倍率} = \frac{\text{有息负债的金额} + \text{总市值}}{\text{EBITDA}}$$

注：有息负债的金额也被称为 Debt，总市值也被称为 Equity。

有息负债的金额与总市值的合计金额也被称为企业价值（Enterprise Value）。

有息负债（Debt）可以根据各企业的资产负债表中贷款和公司债券的数字核算，总市值（Equity）可以根据有价证券报告书上记载的流通股票数量乘以股价核算，或者在能够检索上市企业股价的网站上进行检索。

EBITDA 也可以用税前利润加上支付利息、折旧费、摊销费之后计算得出。

我们来具体地看一下，为什么 EBITDA 倍率能够用来计算理论股价。EBITDA 代表企业通过事业创造的现金流，需要以支付利息和偿还本金的形式返还给为企业提供资金的银行和公司债券持有者，还需要以分红的形式返还给股东。

因此，EBITDA 的值越大，资金提供方权利的价值（有息负债的金额）和股东权益价值的合计数值（总市值）就越大。也就是说，**EBITDA 倍率相似的企业，基本属于同一等级**。而以上述理论为基础对股价进行计算的方法就是 EBITDA 倍率法。

通过与同行业其他企业对比来计算理论股价

EBITDA 倍率法主要通过以下的方式来计算理论股价。

假设要计算 A 社的理论股价，我们需要选出和 A 社处于同一行业而且事业状况也很相似的几家上市企业。比如根据调查的结果，我们最终选择了 X 社、Y 社和 Z 社，这三家企业都是与 A 社处于同一行业且事业状况相似的上市企业。接下来我们需要先计算 X 社的 EBITDA。

具体的方法如前所述，用损益表中的税前利润加上支付利息计算出 EBIT。然后再通过损益表或者现金流量表获得该企业的折旧费和摊销费，将这两个数字与 EBIT 相加，就能计算得出 EBITDA。假设经过计算得出，X 社的 EBITDA 为 500 亿日元。

接下来计算 X 社的有息负债的金额，也就是所有贷款和公司债券的总额。假设这个数字是 1,000 亿日元，且 X 社的总市值为 2,000 亿日元。

那么在这种情况下，X 社的 EBITDA 倍率如下：

$$\frac{1{,}000\text{ 亿日元} + 2{,}000\text{ 亿日元}}{500\text{ 亿日元}} = 6$$

按照同样的方法计算 Y 社和 Z 社的 EBITDA 倍率，Y 社为 5 倍，Z 社为 7 倍。X 社、Y 社、Z 社的平均 EBITDA 倍率计算结果如下：

$$\frac{6 + 5 + 7}{3} = 6$$

根据上述计算的结果，可以估算出与 X 社、Y 社、Z 社类似的 A 社的 EBITDA 倍率应该为 6 倍左右。

接下来确认 A 社的实际数字。假设 A 社的 EBITDA 为 300 亿日元，贷款和公司债券等有息负债的金额合计为 600 亿日元。以 A 社的倍率也为 6 倍为前提，将上述数字带入公式中：

$$\frac{600\text{ 亿日元} + A\text{ 社的理论总市值}}{300\text{ 亿日元}} = 6$$

根据上述公式计算可得，A 社的理论总市值为 1,200 亿日元。假设 A 社发行的股票数量为 1 亿股，那么 A 社的理论股价就应该是 1,200 日元。

一般情况下，稳定期的企业的 EBITDA 倍率在 5 倍～ 10 倍之间。

如果企业的 EBITDA 倍率超过上述水平，说明该企业的企业价值相当高。这可能是企业处于成长期，或者市场认为该企业今后有很大的成长空间。如果上述两者都不是，则意味着该企业的企业价值过高。

此外，EBITDA 倍率会因为所选对比企业的不同而出现巨大的变化。因此，选择同行业、事业类型相似的企业非常重要。但因为 EBITDA 没有考虑过去以及最近的投资成本，却核算了投资的成果。也就是说，如果所选的企业在最近刚进行过大规模的收购或巨额的投资，那么收购和投资的成本完全没有被考虑，只有成果被核算在 EBITDA 中，这就可能使该企业的 EBITDA 与同行业其他企业相比变得更大。

在上述情况下，即便是同行业、事业类型相似的企业，EBITDA 倍率也会出现很大的差异，所以企业必须注意这一点。

案 例

分析 5 家企业的
EBITDA 倍率

5 家不同行业且处于不同成长阶段的企业的 EBITDA 倍率如下：

5 家企业的 EBITDA 倍率对比

		麒麟控股	日本制铁	Recruit	ZOZO	LINE
		2018 年 12 月末	2019 年 3 月末	2019 年 3 月末	2019 年 3 月末	2018 年 12 月末
税前利润	①	246,852	248,769	239,814	22,501	3,354

支付利息	②	5,696	22,445	374	71	519
折旧费	③	67,946	408,616	71,122	1,534	11,135
摊销费	④	包括在③中	包括在③中	包括在③中	477	包括在③中
EBITDA	⑤=①+②+③+④	320,494	679,830	311,310	24,583	15,008
决算日发行股票数（百万股）	⑥	914	950	1,696	312	241
决算日股价（日元）	⑦	2,299	1,954	3,161	2,086	3,775
决算日总市值	⑧=⑥×⑦	2,101,286	1,856,300	5,361,056	650,832	909,775
贷款和公司债券	⑨	414,994	2,369,231	162,081	22,000	142,132
EV（企业价值）	⑩=⑧+⑨	2,516,280	4,225,531	5,523,137	672,832	1,051,907
EBITDA 倍率	⑩÷⑤	7.9	6.2	17.7	27.4	70.1

注：根据各企业的有价证券报告书、决算信息、雅虎金融的股价信息等制作。
　　左列未标注单位的项目，除"EBITDA 倍率"外，单位均为百万日元。

其中比较低的是日本钢铁行业的龙头企业日本制铁和饮料行业的领军企业之一麒麟控股，分别为 6.2

和 7.9。这两家企业都是规模庞大且稳定的企业，所以 EBITDA 倍率偏低。

而 EBITDA 倍率较高的则是 Recruit 的 17.7。因为 Recruit 在收购了 Indeed（全球领先的招聘网站）之后，在招聘、媒体与解决方案、人才派遣等领域的业绩都得到了提升，股票市场对此也做出了积极的响应，所以 EBITDA 倍率也随之提升。

开展服装网络销售事业的 ZOZO 和为智能手机提供实时通信应用程序的 LINE 的 EBITDA 倍率分别高达 27.4 和 70.1。ZOZO 凭借收取的委托销售手续费，LINE 凭借广告和游戏获取的收益，使得营业收入和利润都迅速增长，股票市场对这两家企业未来的发展也充满期待，表现在 EBITDA 倍率上就是这样一个结果。虽然 ZOZO 在 2019 年 3 月期的利润出现了下降，但仍然维持着非常高的 EBITDA 倍率。

PER
——每股市价与净利润的比率

PER 是 Price Earnings Ratio 首字母的缩写，翻译为市盈率，指的是每股的价格与每股当期净利润之间的比率。与 EBITDA 倍率一样，如果是同行业的类似企业，其 PER 也应该处于同一水平。根据类似企业的 PER，可以大致计算出想要评估的企业的理论股价。

PER 的计算公式如下：

$$PER = \frac{每股市价（Price）}{每股当期净利润（Earnings）}$$

注：每股当期净利润，可以通过损益表（归属母公司股东）的当期净利润除以有价证券报告书等公布的流动股票数量来计算得出。此外，在有价证券报告书和决算信息上也会公布每股当期净利润，能够检索到上市企业股票信息的网站上甚至会直接公布相应的 EPS（Earnings Per Share：每股收益）信息，所以想要把握 PER 非常简单。

选择几家与想要评估的企业同行业且事业内容相似的企业，计算这几家企业的 PER，再求出平均值。

计算出想要评估的企业的每股当期净利润，用每股当期净利润乘以之前计算出来的平均值，就能够计算出想要评估的企业的每股市价。因为股价大多是以企业将来的发展为基础进行评估的，所以在计算 PER 的时候选取的每股当期净利润大多是一年后的预测利润。

在 2019 年 3 月这个时间点，根据雅虎金融的数据，位于东证一部上市企业 PER 排行榜正中央的企业的 PER 为 13.95 倍。

一般来说，PER 在 10 倍左右属于偏低，在 20 倍或超过 25 倍的话就属于偏高。

如果 PER 偏高，说明与企业最近或未来的利润相比，市场对其股价的评价较高。这可能是因为投资者认为企业未来能够获得较高的收益而提前购买股票，导致股票价格一路升高，也可能是与企业最近的业绩相比，股价过高。

如果 PER 偏低，说明与企业最近或未来的利润相比，市场对其股价的评价较低。这可能是因为投资者认为企业未来难以取得更高的收益，或者与企业最近的业绩相比，股价过低。

与 EBITDA 倍率一样，选择对比的企业不同，可能会使 PER 发生巨大的变化。在使用 PER 对股价进行评估时，选择合适的对比企业非常重要。

PBR
——每股市价与净资产的比率

PBR 是 Price Book Value Ratio 的首字母缩写，翻译为"**市净率**"，指的是**每股的价格与每股净资产之间的比率**。与 EBITDA 倍率一样，如果是同行业的相似企业，其 PBR 也应该处于同一水平。根据类似企业的 PBR，可以大致计算出想要评估的企业的理论股价。

PBR 的计算公式如下：

$$PBR = \frac{每股市价（Price）}{每股净资产（Book\text{-}Value）}$$

注: 每股净资产，可以通过资产负债表的净资产的合计金额除以有价证券报告书等公布的流动股票数量来计算得出。此外，在有价证券报告书和决算信息上也会公布每股净资产。

计算 PBR 时，也要先选择几家与想要评估的企业同行业且事业内容相似的企业，然后计算这几家企业的 PBR，再求出平均值。然后计算出想要评估的企业的每股净资产。

用每股净资产乘以之前计算出来的平均值，就能够计算出想要评估的企业的每股市价。

在 2019 年 3 月这个时间点，根据雅虎金融的数据，位于东证一部上市企业 PBR 排行榜正中央的企业的 PBR 为 1.02 倍。

这意味着该企业的总市值是股东权益价值的 1.02 倍。如果资产负债表上记载的企业的资产和负债的价值是准确的，那么每股净资产就是假设现在企业解散股东所能够获得的价值。PBR 为 1.02 倍，意味着与解散相比，企业继续开展事业能够创造出 2% 的附加价值。也就是说，在东证一部上市的企业，与现在解散相比，平均只能创造出 2% 的附加价值。

如果 PBR 低于 1.0 倍，意味着企业的总市值比现在立即解散的价值更低，继续开展事业反而会使股东权益价值降低。

理论上来说，这样的企业应该立即解散。

因此，有一部分投资者会专门寻找那些 PBR 在 1.0 倍以下的企业，如果发现其股价比资产负债表公布的价值更低的话就买入股票，等待企业对事业进行清算。

根据雅虎金融的数据（2019 年 3 月 8 日），日本在东证一部上市的企业数量为 2,130 家，其中约 48%，也就是 1,030 家企业的 PBR 在 1.0 以下。这说明在东证一部的上市企业中有大约一半在理论上不应该再继续开展事业，股价与资产负债表的状态相比过低。这 1,030 家企业应该尽快提高自身的盈利能力和总市值，至少将 PBR 提高到 1.0。

与 PER 和 EBITDA 倍率一样，选择的对比企业不同，可能会使 PBR 发生巨大的变化。在使用 PBR 对股价进行评估时，**选择合适的对比企业非常重要。**

三种评估方法"都不能对企业的特征和优势进行准确评估"

前面介绍的三种评估方法虽然可以在一定程度上把握企业的理论股价。却无法对企业的特征和优势进行准确评估。

因此，要想把握企业真正的价值，就需要用到以企业未来的盈利能力为基础进行评估的 DCF（Discounting Cash Flow）法。简单来说，就是以企业预测现金流为基础，将其转变为当前时间点的价值之后对企业的价值进行评估的方法。我会在后文中详细介绍 DCF 法。

这个方法也有一个问题，那就是未来很难准确地预测。因此，在对理论股价进行分析时，最好采用多种方法，以做出综合性的判断。

此外，上述三种方法因为选择进行对比的企业不同，都会极大地影响结果。

如果优先选择股价较高的企业，那么最终得出的理论股价也会较高，如果优先选择股价较低的企业，那么最终得出的理论股价则会较低。从这个意义上来说，在评估的时候，必须特别注意选取的对比企业与目标企业是否处于同样的基准线上。

PER 与 PBR 高的企业和低的企业

让我们来看一下 2019 年 3 月 8 日时间点上，PER 和 PBR 排行榜上处于前位和后位的企业。

PER 前 100 位和后 100 位中的主要企业

（共 1,988 家企业）

⋮		
10 位	PEPTIDREAM	252.61 倍
45 位	KEY COFFEE	101.51 倍
55 位	Kappa － Create	89.49 倍
58 位	才望子	85.85 倍
96 位	三丽鸥	56.11 倍
⋮		
1,912 位	丸红	5.78 倍
1,966 位	昭和电工	4.47 倍
⋮		

在前 100 位中，大多是像生化领域的初创企业 PEPTIDREAM（10 位）、提供效率化软件的初创企业才望子（58 位）。这说明市场对初创企业的未来具有很高的期待。

除此之外，还有像 KEY COFFEE（45 位）和经营 Kappa 寿司的 Kappa—Create（55 位）等在餐饮行业开展 B2C 事业的企业。这是因为这些企业拥有较高的稳定性，而且股东福利（发放纪念品等）比较好，所以吸引了大量的个人投资者购买它们的股票。

在后 100 位中的丸红（1,912 位）和昭和电工（1,966 位）虽然都在一定程度上保证了收益，但因为海外贸易摩擦、原油价格上涨等因素导致企业的外部环境不稳定且不透明，将来收益是否能够继续增长难以保证，所以倍率较低。

再来看 PBR 排行榜上处于前位和后位的企业。

PBR 前 100 位和后 100 位中的主要企业
（共 2,130 家企业）

2 位	ZOZO	33.27 倍
11 位	MonotaRO	22.06 倍
51 位	贝亲	8.07 倍
73 位	资生堂	6.84 倍
2,104 位	七十七银行	0.26 倍
2,130 位	高知银行	0.11 倍

在前 100 位中，有经营在线服装销售的网站 ZOZO（2 位）、开展工程用材料网络销售事业的 MonotaRO（11 位）等企业。这些企业在开展事业时不需要太多的资产，所以资产效率很高、成长性也很好，深受市场的好评。

此外，在以高品质商品作为事业基础的企业中，连续取得优异业绩的婴儿用品企业贝亲（51 位）和资生堂（73 位）也都名列前茅。

在后 100 位中，七十七银行（2,104 位）和排在最后一位的高知银行（2,130 位）等地方性金融机构十分显眼。这是因为随着日本国内人口的减少和存款利息的降低，市场对地方性金融机构未来的发展并不看好。

收购金额似乎有些偏高

山下向小松请教了许多问题之后，终于搞清楚了 EBITDA 倍率、PER 和 PBR 究竟是什么意思。

于是他又拿起昨天收购项目会议的资料重新看了一遍。山下根据目标企业提出的收购金额计算了 EBITDA 倍率，发现结果约为 20 倍，这与他印象中的同行业其他企业的基准相比高出许多。

此外，根据这个金额计算得出的 PER 和 PBR 分别为 35 倍和 4 倍，都高出山下预想的同行业其他企业的平均水平。从这个结果来说，对方要求的收购金额似乎有些偏高。

目标企业是否拥有符合如此高收购金额的技术和客户基础，或者未来有广阔的成长空间？山下一边思考，一边决定谨慎地选择对比企业再计算一下。

总 结

▶ EBITDA 是最接近营业利润的指标。因为同行业的类似企业都应该拥有相同水平的 EBITDA 倍率，所以 EBITDA 倍率经常被用来计算理论股价。一般来说，稳定期的企业的 EBITDA 倍率在 5 倍～ 10 倍，成长期的企业为 15 倍～ 20 倍或以上。

▶ PER 是每股市价与每股当期净利润之间的比率。因为同行业的类似企业都应该拥有相同水平的 PER，所以 PER 也可以用来计算理论股价。一般来说，稳定期的企业的 PER 倍率在 10 倍～ 15 倍，成长期的企业为 20 倍～ 25 倍或以上。

▶ PBR 是每股市价与每股净资产之间的比率。因为同行业的类似企业都应该拥有相同水平的 PBR，所以 PBR 也可以用来计算理论股价。一般来说，PBR 越高，事业能够产生的附加价值就越多。但 PBR 在 1.0 以下的话，与继续开展事业相比，立即解散反而能够获取更多的价值。对于 PBR 低于 1.0 的企业来说，必须立即提高业绩、提高股价。

▶ EBITDA 倍率法、PER 法和 PBR 法都是根据同行业其他企业的股价对目标企业的股价进行评估的方法，因此，在选择对比企业的时候必须非常仔细，选择合适的企业进行对比。

01
02
03

第二章

对投资者和经营者
都很重要的金融知识

【金融入门】

站在资金提供者的立场上思考应该如何筹集和使用资金

金融是站在投资者的立场上对数字进行分析。具体来说，分为资金筹集和资金利用两部分的内容。

其中资金筹集的部分以股东和债权人等资金提供者关心的资本成本和最优资本结构等内容为主。

而资金利用的部分则以资金提供者关心的现金流（利益）、与投资评估相关的 NPV 法、IRR 法等内容为主。

从这两部分延伸开来，也会涉及股东比较关心的企业价值、股东价值、分红，以及回购股票等内容。

在本章中，我为大家介绍这些对于企业经营者来说非常重要的金融知识。

1 利息与风险，贴现率与现值

——学习金融不可或缺的思维①

A 方案和 B 方案
到底应该投资哪一个？

钢铁生产企业 W 公司的事业部部长冈田感到有些困惑。

在前几天召开的内部会议上，两名部下分别提出了 A 和 B 两个投资方案，这两个方案看起来都很有吸引力，冈田不知道应该优先投资哪一个。

坦白说，为了达成事业部五年后的营业收入和营业利润目标，应该在今年对这两个方案同时进行投资。但现在事业部拥有的投资预算只够投资一个。昨天冈田和负责财务的副社长讨论过增加投资预算的问题，但其他的事业部也有许多等待投资的项目，所以想增加投资预算非常困难。这样一来，冈田只能在两个方案中选择一个。

这两个方案的投资额基本相同。A 方案的预计利润额稍微少一些，但事业起步快，很快就能盈利。B 方案的预计利润额比较多，但事业起步较慢，需要运营一定时间之后才能开始盈利。

在这种情况下，应该根据什么标准来进行选择呢？有没有对这两个方案进行客观比较和评估的方法呢？

冈田实在想不出办法，只好给曾经的同事、现在担任经营企划部部长的北川发了封邮件，希望他能给自己提供一些建议。

利息与风险
——"今年的1亿日元"和"明年的1亿日元"，价值一样吗？

今年就能创造的1亿日元利润和明年才能创造的1亿日元利润相比，哪一个的价值更高？

可能有人认为，不管是今年还是明年，既然都是1亿日元，那么价值就是一样的。但从金融的角度来说，今年创造的1亿日元利润价值更高。理由有两点：

第一个是利息。今年创造的1亿日元利润与明年才能创造的1亿日元利润相比，产生利润的时间早了整整一年。如果将今年创造的1亿日元利润立即存进银行，那么一年之后就能获得相应的利息。

也就是说，**今年创造的1亿日元利润与明年才能创造的1亿日元利润相比，因为能够多赚一年的利息，所以价值更高。**

第二个是风险。在金融领域，**风险指的是不确定性、变化和波动。**

可能在有些人的印象中，风险指的是发生不好的事情。但在金融领域，发生坏事不一定就是有风险。让我们来看一个简单的例子。

明年确定会出现1亿日元"损失"是有风险的状态吗？
答案是否定的，这是没有风险的状态。

因为这1亿日元的损失是"确定"的。

那么明年不确定能"盈利"5亿日元还是3亿日元是有风险的状

态吗？

答案是肯定的，这是有风险的状态。

因为虽然能够盈利，但盈利的金额不知道是 5 亿日元还是 3 亿日元，也就是处于"不确定"的状态。由此可见，金融领域的风险指的就是不确定性、变化和波动。

我们常说的高风险高回报，指的是那些不确定性较高的事业必须能够提供更高的利润，或者应该提供更高的利润。

对于像 ICT（Information and Communications Technology：信息通信与技术）这样的高科技、高风险事业，投资者往往期待其能够提供更高的利润。像食品、铁路这样低风险的事业，投资者对利润则没有太高的要求。也就是说，根据事业领域的不同，投资者对利润的要求也不同。

从风险的角度来考虑的话，与今年创造的 1 亿日元利润相比，明年创造的 1 亿日元利润需要等上一年的时间，这期间经济环境可能出现变化，竞争对手也可能采取行动，所以利润很有可能无法达到预期。

综上所述，从利息和风险（不确定性）的角度进行思考，同样的 1 亿日元利润，今年创造出来的更有价值。

贴现率与现值
——将未来的利润转变为现在的价值

从上一节的内容不难看出，如果考虑到利息与风险，即便同为 1 亿日元利润，与今年创造的 1 亿日元利润相比，明年才能创造的 1 亿日元利润的价值更低。

以利息和风险为基础，对一年间价值的差异进行调整所使用的比率被称为贴现率（Discount Rate）。

也就是说，因为一年的时间差异，导致利润的价值变大或者变小的比率，就是贴现率。

利用贴现率，可以将未来创造的利润换算为现在的价值，这个价值被称为现值（Present Value）。

在金融领域，通常会将所有的未来利润都转变为现在的价值，也就是以现值进行评估。这样能够保证所有的对比都在同样的标准下进行。

比如考虑到利息和风险的情况，将贴现率设定为 10%，那么明年创造的 100 万日元利润的现值是多少呢？答案是大约 90.9090 万日元，计算公式如下：

$$\frac{100 \text{ 万日元}}{(1 + 0.1)} = 90.9090 \text{ 万日元}$$

如果是两年后创造的 100 万日元利润，转变为现值就是大约 82.6446 万日元。

$$\frac{100 \text{ 万日元}}{(1 + 0.1)^2} = 82.6446 \text{ 万日元}$$

也就是说，如果贴现率为 X%，那么 1 年后利润的现值的计算方法如下：

$$\frac{1 \text{ 年后的利润}}{(1 + X\%)} = 1 \text{ 年后利润的现值}$$

在贴现率为 X% 的情况下，n 年后利润的现值的计算方法如下：

$$\frac{n \text{ 年后的利润}}{(1 + X\%)^n} = n \text{ 年后利润的现值}$$

在实务中，经常使用后文中介绍的 WACC 来计算贴现率。而且对于在许多地区开展许多事业的企业来说，因为不同地区和事业的利息与风险各不相同，所以最好根据实际的情况采用不同的贴现率来计算。

案 例

根据财务数字对 JR 东海
和任天堂的风险进行比较

让我们来看一下以铁路事业为中心的 JR 东海和以游戏事业为中心的任天堂截至 2019 年 3 月，过去 5 年间的营业收入与营业利润的对比。

JR 东海与任天堂的营业收入和营业利润的推移
（以合并报表为基础）

（单位：百万日元）

JR 东海			任天堂		
	营业收入	营业利润		营业收入	营业利润
2019 年 3 月期	1,878,137	709,775	2019 年 3 月期	1,200,560	249,701
2018 年 3 月期	1,822,039	662,023	2018 年 3 月期	1,055,682	177,557
2017 年 3 月期	1,756,980	619,564	2017 年 3 月期	489,095	29,362
2016 年 3 月期	1,738,409	578,677	2016 年 3 月期	504,459	32,881
2015 年 3 月期	1,672,295	506,598	2015 年 3 月期	549,780	24,770

出处：根据各企业的有价证券报告书及决算信息制作。

　　从上面图表可以看出，JR 东海过去 5 年间的营业收入与营业利润都稳定增长，非常符合铁路事业的特征。

　　任天堂的营业收入从 2015 年 3 月期到 2017 年 3 月期都呈缓慢下降的趋势，但从 2018 年 3 月期开始，因为 Switch（任天堂第九代游戏机）的热卖，营业收入增长了 100%。营业利润从 2015 年 3 月期到 2017 年 3 月期虽然保持着黑字但并不高。而 2018 年 3 月期的时候因为 Switch 的热卖，营业利润增长了 500%，2019 年 3 月期又在上一年度的基础上增长了

40%。这充分反映出游戏行业业绩变动巨大的特征。
由此可见，通过营业收入和营业利润的变动情况就能
在一定程度上把握事业的风险性。

案 例

使用贴现率计算 10 年后"1 日元"的现值

绝大多数的日本企业的贴现率都在 5% ～ 10% 之
间，接下来让我们看一下从现在到 1 年后、2 年后……
10 年后的"1 日元"的现值。

不同贴现率的现值差异

各年度"1 日元"的现值

贴现率	现在	1 年后	2 年后	3 年后	4 年后	5 年后	6 年后	7 年后	8 年后	9 年后	10 年后
5.0%	1.000	0.952	0.907	0.864	0.823	0.784	0.746	0.711	0.677	0.645	0.614
6.0%	1.000	0.943	0.890	0.840	0.792	0.747	0.705	0.665	0.627	0.592	0.558
7.0%	1.000	0.935	0.873	0.816	0.763	0.713	0.666	0.623	0.582	0.544	0.508
8.0%	1.000	0.926	0.857	0.794	0.735	0.681	0.630	0.583	0.540	0.500	0.463
9.0%	1.000	0.917	0.842	0.772	0.708	0.650	0.596	0.547	0.502	0.460	0.422
10.0%	1.000	0.909	0.826	0.751	0.683	0.621	0.564	0.513	0.467	0.424	0.386

如上表所示，当贴现率为 5.0% 的时候，1 年后的"1日元"的现值是"0.952 日元"。5 年后的"1 日元"的现值是"0.784 日元"，10 年后的"1 日元"的现值是"0.614 日元"，几乎减少了一半。

而当贴现率为 10% 的时候，5 年后的"1 日元"的现值就是"0.621 日元"，10 年后的"1 日元"的现值只有"0.386 日元"。由此可见，贴现期越长、贴现率越高，现值就越低。

综上所述，未来的利润因为存在风险，所以转变为现值时会变少，而越快赚到手中的利润，价值越大。

后 话

使用贴现率对 A 方案和 B 方案进行评估

冈田仔细阅读了北川回复的邮件，理解了利息与风险的概念，认识到：与需要花费一定时间才能创造利润相比，能够尽快创造利润的方案的价值更高。

他学会了利用贴现率将未来创造的价值转变为现值的方法，以及以贴现率为基础对项目进行评估的方法。

他对比 A 方案和 B 方案后发现，对于容易受风险（不确定性）影响的钢铁行业来说，能够尽快创造出利润的 A 方案是更好的选择。

于是冈田给两位部下发送邮件，希望部下在下次的会议上能够用更精准的数字对这两个方案进行分析。

总 结

▶ 今年创造的利润和明年创造的利润相比，金额相同的话，前者的价值更高。因为提前创造的利润，如果存进银行的话就能获得利息，而且风险较低。

▶ 金融层面的风险指的是不确定性、变化和波动。

▶ 贴现率是考虑到利息与风险，将未来创造的价值转变为现值时的比率。

▶ 未来创造的价值换算为现在的价值之后被称为现值。在评估投资项目时，基本上是以现值为基础进行对比的。

2 资本成本、WACC、门槛回报率
——学习金融不可或缺的思维②

获利能力、投资效率与 WACC 之间是什么关系？

在饮料生产企业 Z 社制造部担任部长的吉田，回忆起财务负责人片桐在中期经营计划说明会上说过的话。

片桐提出，中期经营计划的主题是提高企业的"强壮度"，因此提高获利能力和投资效率非常重要。此外，片桐还多次提到资本成本与 WACC 等术语。关于提高获利能力，就是要提高盈利能力、提高利润率。至于提高投资效率，应该就是用更少的投资来获取更多的利润。这些吉田大体上能理解。但资本成本和 WACC 这两个词他却是第一次听到。从片桐的说明来看，这两个词应该与股东对企业的利润要求有关，但更具体的内容吉田就不知道了。

吉田一直在制造部门工作，对财务的知识了解得很少，片桐反复强调的资本成本和 WACC 应该是中期经营计划中非常重要的内容，吉田觉得自己身为部长还是有必要了解一下。于是，他给和自己同期入职的财务部部长西川发了一封邮件，希望找时间向他请教一番。

资本成本（Cost of Capital）
——资金提供者期待（要求）的利润

资本成本指的是企业筹集资金所付出的成本。

换句话说，就是为企业提供资金的银行、债券持有者以及股东，期待或要求企业提供的利润。

比如借贷来的资金需要支付利息，所以利息就是成本。对于企业来说，因为支付利息会导致利润减少，所以实际上的债务资本成本（借贷资金的成本）应该是从利息中减去节省的税金后剩余的部分。

再来看从股东处获得的资金的成本（股权资本成本），这部分是股东期待（要求）的利润。对股东来说，包括分红和股价上涨两部分（图表 2—1）。

图表 2—1　什么是资本成本

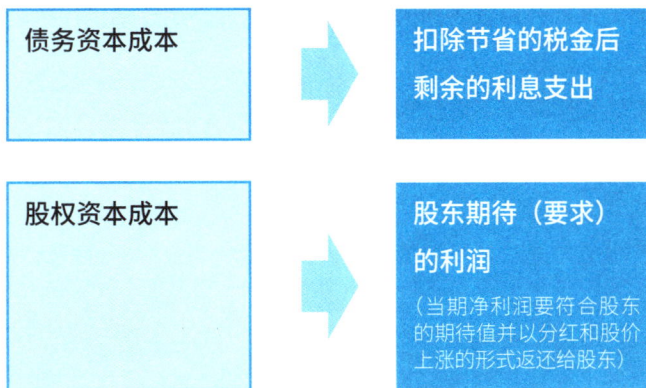

债务资本成本	➡	扣除节省的税金后剩余的利息支出
股权资本成本	➡	股东期待（要求）的利润（当期净利润要符合股东的期待值并以分红和股价上涨的形式返还给股东）

但从企业的角度来说，要想有足够的资金给股东分红或者抬升股

价，必须创造出足够的当期净利润。如果企业无法创造出足够的当期净利润，那么就无法给股东分红，股价也可能会下跌。在这种情况下，因为企业没能满足股东的期待，所以可能会有部分股东将股票卖出。

也就是说，要想让更多的股东继续投资，并且让股价持续上涨，企业必须满足股东的期待（要求），创造出足够多的当期净利润。这个股东期待的当期净利润，就可以理解为是从股东处筹集资金时的资本成本。

可能很多人认为，从股东处筹集资金时的资本成本，就是实际支付给股东的分红。但分红只是股权资本成本的一部分，股东期待的除了分红之外还有股价上涨的利润。为了达到股东的要求，企业就必须努力提升当期净利润。

WACC 是计算资本成本的方法

在计算资本成本时，最有代表性的方法就是 WACC（Weighted Average Cost of Capital：加权平均资本成本）。**这是将债务资本成本和股权资本成本根据各自金额的大小平均计算之后得出的结果**，所以在资本成本前面有"加权平均"四个字。

接下来让我们看一下具体的示例。

债务资本成本

债务资本成本是从利息中减去节省的税金后剩余的部分，计算方法如下：

利息 × （1 — 税率）

比如在利息 2%、税率 30% 的情况下，债务资本成本在当期净利润中所占的比率就是 1.4%。

$$2\% \times (1 - 30\%) = 1.4\%$$

股权资本成本

再来看股权资本成本，这部分是**股东期待的当期净利润**。用来推算股东期待值的方法有好几种，其中最有代表性的就是 CAPM（Capital Asset Pricing Model：资本资产定价模型）。CAPM 按照以下的公式来计算股权资本成本。

$$Rf + \beta(Rm - Rf)$$

其中第一个 Rf 是**无风险利率**。正如前文中提到过的那样，金融领域的风险指的是"不确定性"，而无风险就是"确定"，所以无风险利率意思就是**一定能够获得的利息**。

一般情况下，只要国家没有破产，那么持有国债就一定能够获得利息。因此，在绝大多数情况下，**国债利率就是无风险利率**。当以国债利率作为股东期待利润的基准时，那么股东在广泛考察投资对象时也可以将国债作为投资的选项之一。任何人只要投资国债就一定能够获得利润。股东敢于冒险投资企业的股票，一定期望能够获得不低于投资国债的利润。

反之，如果投资企业的股票获得的利润比投资国债更低，那么股东就完全没有投资的必要，所以国债利率就成为股东期待的利润的最低要求。

加号后面的 β（Rm － Rf）是风险溢价。因为在投资股票时，股东并不知道是否能够盈利以及能够盈利多少，在**投资有风险的情况下，股东肯定希望获得与风险相符的回报**，也就是溢价。

其中（Rm － Rf）被称为**市场风险溢价**。即**预期市场回报率与无风险回报率之差**。事实上，日本过去 65 年的股票投资的年平均回报率（预期市场回报率）与日本过去 65 年间国债的年平均利率（无风险回报率）之间的差额约为 6%，所以（Rm － Rf）部分通常都是直接套用 6% 来计算。括号中的 Rm 指的是股票市场长期以来的年平均回报率。具体的计算方法是：用所有上市企业的股价的上涨与每年分红金额的合计来计算年平均回报率。括号中的 Rf 是与 Rm 同时期的国债的实际年平均利率。也就是说，第一个 Rf 代表现在国债的年利率，括号中的 Rf 代表的是过去长时间的国债的年平均利率，虽然缩写是一样的，但意义完全不同，希望大家能够注意。此外，像伊博森顾问公司 ① 之类的企业都会计算并公布（Rm － Rf）的具体数字，便于大家查阅。

括号前面的 β 是反映各企业风险大小的数字。这个数字是根据特定企业的股价在面临证券市场整体波动时的变化程度计算出来的。β 的基准值为 1，意味着该企业的股价变化幅度与市场整体的波动程度相同。

如果 β 大于 1，比如为 1.5 的情况下，意味着该企业的股价变化幅度是市场整体波动程度的 1.5 倍，从股价的浮动情况来看风险较高。

反之，如果 β 小于 1，比如为 0.7 的情况下，意味着该企业的股价变化幅度是市场整体波动程度的 0.7 倍，从股价的浮动情况来看，风险较低。提供金融信息的路透社、彭博社和东京证券交易所都会提供 β 值的信息。

通过将表示各企业风险程度的 β 乘以前面提到过的（Rm － Rf），再加上 Rf，我们就能够计算出股东期望获得的利润。

近年来有越来越多的专业投资者开始通过交易上市企业的股票来赚取利润。这些专业的投资者会不断地收集大量企业的信息加以分析，并以此为基础决定买入或卖出股票。

如果投资者通过分析发现某企业的风险较高，也就是业绩很容易随着市场的波动而受到影响，那么投资者就会根据市场的变化大量地交易

---

① 伊博森顾问公司：美国晨星公司全资控股的专业投资顾问公司，以资本市场统计分析及建构资产配置闻名于金融界及学术界。

股票，结果导致股价也随之剧烈地变化。

反之，如果企业的风险较低，业绩不容易随着市场的波动而受到影响，那么投资者就不会大量地进行交易，股价自然不会出现太大的变化。

也就是说，**企业的风险程度会通过股价的波动表现出来。只要检测股价的波动情况，就能把握企业的风险程度。**

前提是，股价必须能确实反映企业的状况，否则这个理论就不成立了。不过，在东证一部上市企业的股票，绝大多数是专业投资人在买卖。因此，股价应该能反映企业的真实状态。

接下来让我们实际使用 CAPM 来计算一下股权资本成本吧。

当国债利率为 1%，市场风险溢价为 6%，β 值为 0.9 的情况下，股权资本成本的计算结果如下：

1% ＋ 0.9 × 6% ＝ 6.4%

此外，β 值会随着企业的事业风险（业绩的波动）和财务风险（借贷资金的多少）变化。一般来说，业绩的波动越大，借贷资金越多，β值就越高。

案例

不同行业 5 家企业的 β 值

接下来让我们看一看不同行业 5 家企业的 β 值。

β 值的示例

公司名称	β 值
东急电铁	0.65
龟甲万	0.89
丰田汽车	1.09
理索纳控股	1.32
Mixi	1.44

出处: 2019 年 3 月 8 日路透社的数据。

通过上表可以看出，不同企业的 β 值有很大的差异。在这 5 家企业中，β 值最低的是以铁路事业和不动产事业为中心的东急电铁。虽然设备投资型事业需要借贷很多资金，但因为其事业发展比较稳定，所以 β 值非常低。

第二低的是生产食品的龟甲万。食品行业整体比较稳定，龟甲万作为调味料领域的知名品牌，β 值相对较低。

丰田汽车的 β 值为 1.09，比基准值 1 稍高。这是因为丰田汽车作为全球化企业，比较容易受全球景气水平的影响。自动驾驶、电动汽车、贸易摩擦等变化都会对汽车行业造成影响。

金融行业的理索纳控股的 β 值也相对较高。这是因为人口减少、低利率长期持续，导致日本国内的金融机构发展前景不被看好。

β 值最高的是以游戏事业为中心的 Mixi。凭借大热门游戏怪物弹珠获得高额利润的 Mixi，因为尚未推出能够继续支撑业绩的热门作品，所以 β 值非常高。

综上所述，β 值与企业的事业状况也存在着一定程度的联系。

WACC 是两种资本成本的加权平均值

WACC 是债务资本成本与股权资本成本经过加权平均后计算出来的（图表 2—2）。

图表 2—2　WACC 的示意图

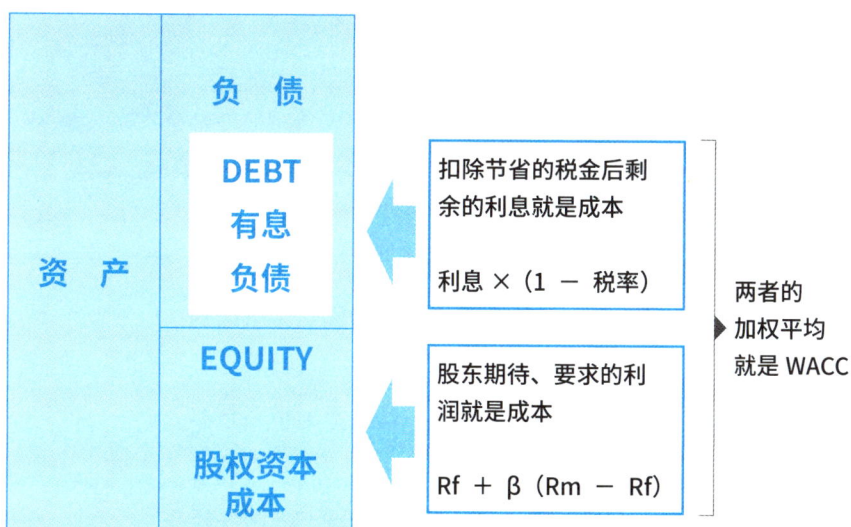

让我们以债务资本成本为 1.4%，股权资本成本为 6.4% 为前提，计算 WACC。

假设有息负债（借贷资金）的合计金额为 100 亿日元，从股东处筹集到的资金为 200 亿日元。那么 WACC 的计算公式如下：

$$\frac{100}{(100 + 200)} \times 1.4\% + \frac{200}{(100 + 200)} \times 6.4\% = 4.73\%$$

根据上述计算的结果，该企业的投资者希望每年平均能够获得相当于投资金额 4.73% 以上的利润。

顺带一提，**日本企业的 WACC 大多在 4% 到 10% 之间。**

因此，日本绝大多数企业设定的门槛回报率（Hurdle Rate）也在 4% 到 10% 之间。

计算小松的 WACC

工程机械生产企业小松保持着优秀的业绩发展势头，让我们计算一下在 2019 年 3 月末时间点上小松的 WACC。

从资产负债表上来看，2019 年 3 月末小松的有息负债金额合计为 930,700 百万日元。因为日本企业大多会持续借贷短期贷款，所以有息负债里也包含了短期借款部分。

再来看股东权益价值，因为这个数值最好以实际价值为基础，所以采用的数字是 2019 年 3 月末时间点上小松的总市值 2,499,174 百万日元。根据这两个数字，可以计算出有息负债占比约为 27%，股权资本占比约为 73%。

$$\frac{930{,}700\ 百万日元}{(930{,}700\ 百万日元 + 2{,}499{,}174\ 百万日元)} = 27\%$$

$$\frac{2{,}499{,}174\ 百万日元}{(930{,}700\ 百万日元 + 2{,}499{,}174\ 百万日元)} = 73\%$$

关于有息负债的成本，假设国债利率为 1%，因为 R&I（日本评级投资信息中心）对小松的信用评级为 AA －，所以小松的利率需要比国债高出 0.5 个百分点。也就是说，如果小松发行公司债券的话，需要支付的利率就是 1.5%。在**计算 WACC 时也要使用这个利率**。

以此为基础，在税率为 30% 的情况下，有息负债的成本如下：

$$（1 + 0.5）\% × （1 - 30\%） = 1.05\%$$

然后是股权资本成本。假设无风险利率和国债利率一样，同为 1.0%，市场风险溢价为 6.0%，根据路透社（2019 年 5 月 31 日）公布的数字 β 值为 1.50，那么计算的结果如下：

$$1.0\% + 1.50 × 6.0\% = 10.00\%$$

将这两个成本按照各自的占比进行加权平均，就能计算出 WACC 的数值：

$$1.05\% × 27\% + 10.00\% × 73\% = 7.6\%$$

决定 WACC 高低的
三个关键因素

WACC 的高低究竟是由什么决定的呢？基本上与以下三个要素有关（图表 2—3）：

图表 2—3　WACC 的高低是由什么决定的？

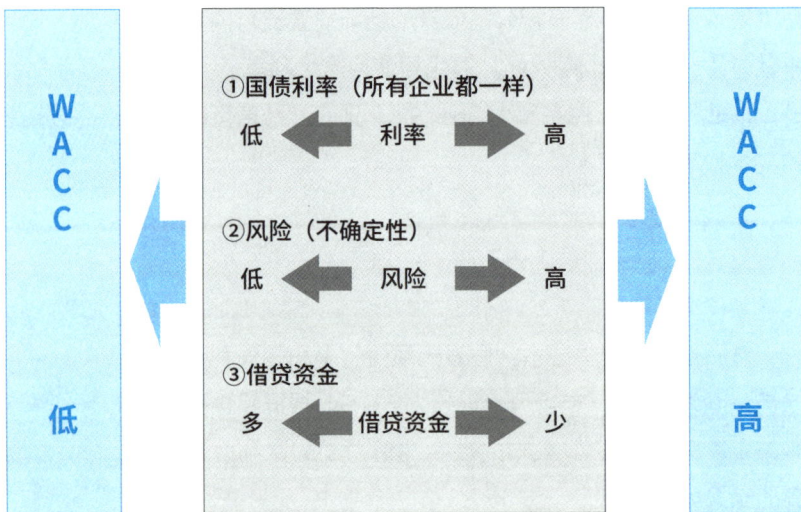

第一个是**国债利率的高低**。如果国债利率高，那么以国债利率为基准的各企业的借贷资金的利率也会随之升高，股东期待的利润（无风险利率）也会升高。

也就是说，**国债利率越高，WACC 越高，反之则 WACC 越低**。

第二个是**风险的高低**。在业绩波动较大导致风险比较高，或者拥有很多借贷资金导致财务风险比较高的情况下，表示企业风险的 β 值就会随之升高，股东期待的利润（市场风险溢价）也会升高。拥有很多借贷资金不但会增加财务风险，还需要支付更多的利息。

也就是说，在业务和财务方面的风险越高，WACC 越高，反之则WACC 越低。

第三个是借贷资金的多少。一般情况下，股东的利润会随着业绩的变化而变化，具有一定的风险。因此，股东期待的利润会随着风险的提升而提升。也就是说，从股东处获得的资金的成本要远远高于借贷资金的成本。因为 WACC 是这两个资本成本的加权平均，所以如果成本比较低的债务资本所占的比重越高，WACC 也就越低。

综上所述，利率越低、风险越低、借贷资金占比越大，WACC 就越低。利率越高、风险越高、借贷资金占比越小，WACC 就越高。

以 WACC 的值作为贴现率
——资金提供者在一年间期待的利润率

正如我们在上一节中看到的那样，如果从利息和风险的角度来考虑的话，将未来创造的利润转变为现值的贴现率，其实就是以 WACC 为基础设定的。

或者说，可以将 WACC 的数值当作贴现率来使用。因为 WACC 的数值就是资本成本，换句话说，就是为企业提供资金的投资者（银行、公司债券持有者、股东等）在一年间期待的利润率。站在资金提供者的立场上来说，只要企业每年能够增加与 WACC 的数值相同的利润率，就相当于资金提供者每年能够获得同样的利润率。

因此，对于资金提供者来说，要想计算一年后的利润的现值，不妨用 WACC 的数值作为评估的基础。也就是说，WACC 为 5% 的企业，其贴现率也是 5%。

WACC 可用于投资项目评估和每年的业绩评估

在实际的业务中，WACC 都有哪些作用呢？

要想对今后 5 年、10 年等持续一定时间的投资项目进行评估，可以将 WACC 与代表年均利润率的 IRR（Internal Rate of Return：内部收益率）进行对比。

如果投资项目的 IRR 大于 WACC，就说明该投资项目的利润大于投资者期待的利润，应该执行该项目。

反之，如果 IRR 小于 WACC，则说明该投资项目的利润小于投资者期待的利润，不应该执行该项目。

此外，在计算投资项目的 NPV 时，也可以将 WACC 作为贴现率来使用。关于 IRR 和 NPV，我将在后文中进行详细的说明。

在对每年的业绩进行评估时，常用 WACC 与计算 NOPAT 比率（Net Operating Profit After Tax：税后净营业利润）的 ROIC（Return on Invested Capital：资本回报率）进行对比（图表 2—4）。

资产负债表

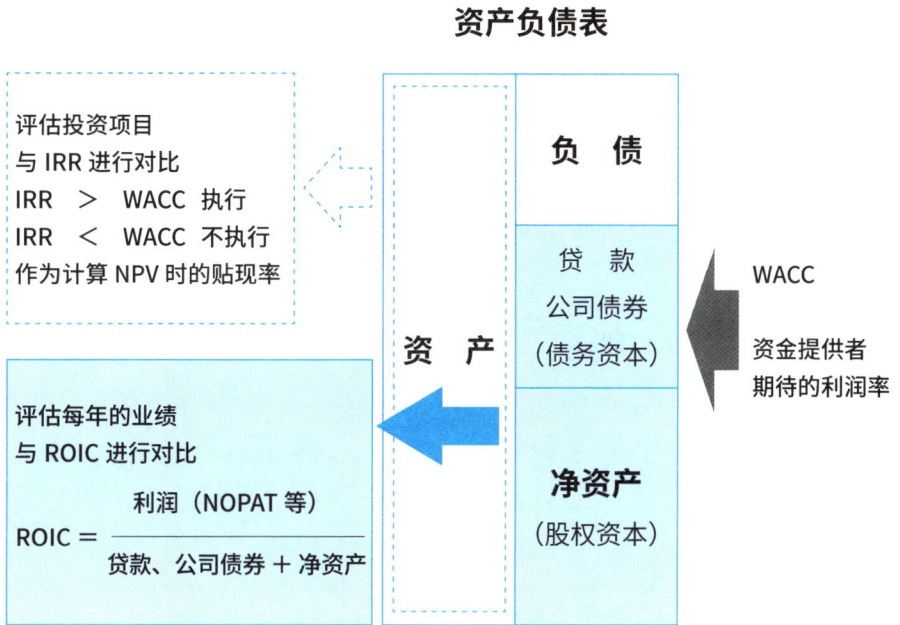

评估投资项目
与 IRR 进行对比
IRR ＞ WACC 执行
IRR ＜ WACC 不执行
作为计算 NPV 时的贴现率

负　债

贷　款
公司债券
（债务资本）

WACC
资金提供者
期待的利润率

资　产

评估每年的业绩
与 ROIC 进行对比

$$ROIC = \frac{利润（NOPAT 等）}{贷款、公司债券 + 净资产}$$

净资产
（股权资本）

如果 ROIC 大于 WACC，说明事业的投资效率大于资金提供者期待的利润，完全能够满足资金提供者的要求。

如果 ROIC 小于 WACC，说明事业的投资效率小于资金提供者期待的利润，必须提高事业的投资效率。

WACC 的构成要素之一股权资本成本，是 ROE 的最低标准。因为股权资本成本是股东期待的利润率，所以股东要求的投资效率 ROE 必须高于这个数字才行。

$$ROE \geq Rf + \beta (Rm - Rf)$$

此外，如果企业在海外许多地区开展事业，或者在不同行业开展事业的话，因为不同地区的利息不同，不同行业的风险不同，所以应该先在各地区寻找同行业的类似企业对其资本成本进行评估和计算，然后以此为基础设定各事业领域的贴现率（图表 2—5）。

图表 2—5　根据地区和事业领域设定不同的贴现率

事业领域

	A 事业	B 事业	C 事业
日本	5%	7%	9%
北美	8%	10%	12%
亚洲（除日本）	10%	13%	15%

地区

（百分比数字为贴现率）

注：不同地区的利息和风险各不相同，不同事业领域的风险也不同。
　　因此，必须根据地区和事业领域设定不同的贴现率。

在估算结果差别不太大的情况下，如果按照不同的地区和事业领域设定不同的贴现率，反而容易使企业内部出现混乱，所以也有的企业选择采用相同的贴现率。这个问题并没有标准答案，企业应该根据自己的实际情况来判断。

了解企业的 WACC，
就能知道投资者期待的利润率

吉田在听完财务部部长西川的解说之后，明白了资本成本就是企业筹集资金的成本，也是资金提供者期待的利润。

资本成本主要分为债务资本成本和股权资本成本两部分，具体的资本成本计算结果用 WACC 来表示。

如果投资项目的利润和每年的投资效率低于 WACC，那么对于资金提供者来说，这个项目就无法获得期待的利润。不过，由于最近银行的利率很低，而且食品行业的发展也比较稳定，风险很低，所以 WACC 也很低。

"关于 WACC 的具体数字，等有空的时候再和西川确认一下吧"，吉田一边这样想着，一边开始思考制造部接下来应该采取哪些行动。

总 结

▶ 资本成本就是企业筹集资金的成本。也可以说是资金提供者要求企业创造的利润。具体来说，可以分为债务资本成本和股东资本成本。

▶ WACC 是最有代表性的计算资本成本的方法，通过将债务资本成本和股权资本成本加权平均后计算得出。

▶ 股权资本成本一般通过 CAPM 来计算。具体来说就是无风险利率

（比如国债利率）加上风险溢价。风险溢价的计算方法是用市场风险溢价乘以代表各企业风险程度的 β 值。

▶ 利率越高、风险越高、借贷资金的比率越小，WACC 就越高。反之，利率越低、风险越低、借贷资金的比率越大，WACC 就越低。

▶ 站在资金提供者的立场上来说，只要企业每年能够增加与 WACC 的数值相同的利润率，就相当于资金提供者每年能够获得同样的利润率，所以投资者经常将 WACC 当作贴现率来使用。

▶ 在对投资项目进行评估时，WACC 可以作为 IRR 的最低标准，计算 NPV 时可以作为贴现率，评估每年的业绩时可以作为 ROIC 的最低标准。

▶ 在不同地区或多个行业中开展事业的时候，可以根据各地区和各行业的类似企业的 WACC 设定不同的贴现率。

3 自由现金流就是 能够自由分配的现金流

自由现金流是什么意思呢？

北川在两个月前刚刚晋升为机械生产企业 P 社的事业部部长，今天上午他参加了一场投资委员会的会议。P 社每三个月都会召开一次投资委员会的会议，针对各事业部超过 10 亿日元的投资项目进行表决。

北川是第一次出席这个会议，在听取大家针对投资项目的讨论意见时，他对自由现金流的多少、时间与投资评估之间的关系很感兴趣。

现金流应该就是代表现金流动的意思，那前面再加上自由两个字又是什么意思呢？自由现金流的多少、产生的时间，以及与投资评估之间又有什么关系呢？对于一直在制造部门工作的北川来说，这些都是他完全不了解的内容。

今后他将作为投资委员会的一员出席会议，并且作为事业部部长，也要对自己部门的投资项目进行说明，所以他必须搞清楚自由现金流的意义。

会议结束之后，北川立刻将事业部中负责投资项目的石山叫了过来，请他给自己做一下说明。

自由现金流
是投资项目盈利的基础

在对投资项目或企业价值进行评估时，都要以现金流作为计算企业盈利的基础。

之所以用现金流而非利润作为盈利的基础，是因为企业赚取的是现金，投资需要现金，开展事业也需要现金。以现金作为计算盈利的基础，不但能够保证基准的统一，还能准确地把握投资是否盈利。

不过，在实际的操作中，我们使用的是自由现金流。**自由现金流，顾名思义就是能够自由使用的现金流。**

准确地说，自由现金流是能够自由地分配给资金提供者的现金流。

因为通过事业赚取的现金首先需要为了让事业继续发展而进行投资，剩余的现金流则以利息和分红的形式分配给资金提供者，所以自由现金流也可以理解为**通过事业赚取的现金流。**

计算自由现金流的方法

自由现金流的计算方法如下（图表 2—6）：

首先**要确定的是营业利润**。自由现金流是通过事业盈利产生的现金流，而事业盈利的基础就是营业利润。

然后要**从营业利润中减去税金**。因为只要有盈利就需要支付税金，而且税金是以现金的形式支付的。

扣除税金后就能计算出**税后净营业利润**。不过这里减去的税金并不是实际支付的税金，而是用营业利润乘以税率之后的假设税。这是因为在对事业进行评估时，与事业没有直接关系的支付利息、特别损失等费用和损失并不包括在现金流中。

税后净营业利润（Net Operating Profit After Tax）缩写为 NOPAT。其中，"Net"的意思是扣除折旧费，"Operating Profit"的意思是营业利润，"After Tax"的意思是税后。NOPAT 是扣除税金后，事业能够创造的利润。

接下来，还需要**对利润与现金流产生的时间差进行三个调整**。

第一个是**加上折旧费**。折旧费虽然是每年核算的，但现金却在投资设备时就一次性支付完毕了。因此，虽然每年都会核算折旧费，却不必每年继续支付现金。由于在计算营业利润的时候扣除了折旧费，所以调整时必须将这部分的现金加回来。

在确认企业过去实际业绩的时候，可以通过损益表来确认整个企业的折旧费。但制造业的折旧费经常被包含在原材料成本中无法单独确认，在这种情况下，可以使用现金流量表中经营活动的现金流的数字。

第二个是**减去投资设备的金额**。正如前面提到过的那样，现金在投资设备时就一次性支付完毕，而费用则会随着设备的使用以折旧费的形式逐渐产生。在投资设备后，虽然支付了现金，但设备尚未投入使用，所以没有产生折旧费。自由现金流是包括投资在内的事业产生的所有现金流，所以必须减去投资的金额。

在确认企业过去实际业绩的时候，可以通过有价证券报告书中的"设备投资状况"、现金流量表中投资活动的现金流记载的"获取有形固定资产的支出"等，对设备投资的金额进行确认。

第三个是**减去营运资本的增加金额**。营运资本与运营期间产生的应收账款、存货资产、应付账款的多少有着非常密切的联系。在应收账款增加、存货资产增加的情况下，现金流就会持续减少。反之如果应付账款增加，则现金流会逐渐增加。

考虑到上述变化，**在应收账款增加、存货资产增加、应付账款减少的情况下，营运资本就会增加，所以要减去增加的金额。**

反之，**在应收账款减少、存货资产减少、应付账款增加的情况下，营运资本就会减少，所以要加上减少的金额。**

在确认企业过去实际业绩的时候，可以通过资产负债表中流动资产或流动负债中的项目来确认与企业整体营运资本相关的应收账款、存货资产、应付账款的数字。

图表 2—6　自由现金流的计算方法

| | 营业利润 | ← | 事业盈利的基础 |

| （—） | 法人税等（实际税率） | ← | 减去假设税 |

税后净营业利润

| （＋） | 折旧费等 | ← | 每年没有实际支付折旧费，所以要加上 |

| （—） | 设备投资额等 | ← | 即便还没有产生费用，但现金已经一次性支付完毕，所以要减去 |

| （—） | 净营运资本增加额 | ← | 对利润与现金流产生的时间差进行调整 |

| | 自由现金流 | | 事业最终产生的现金流 |

在对投资项目或企业价值进行评估时，最常用的方法就是预测今后的自由现金流。企业整体的营运资本可以通过资产负债表上记载的应收债权（应收票据、应收账款、电子债权）、存货资产（商品、产品、半

成品、原材料、贮藏品）、应付债务（应付账款、应付票据、电子债务）等进行确认。此外，对于本业之外还存在较多的未收账款、未付账款，货款回收与支付的时间差较长，需要长期持有一定金额现金存款的事业和企业，在计算自由现金流时也要考虑到这些金额的增减情况。

现金流量表中自由现金流
与金融层面中自由现金流的差异

在前文中介绍现金流量表时，我提到自由现金流就是经营活动的现金流与投资活动的现金流的合计。那么在现金流量表中的自由现金流和本章中看到的金融层面中的自由现金流之间，究竟有哪些差异呢？

从结论上来说，两者的差异如下：

现金流量表中的自由现金流是以过去的业绩为基础。
金融层面中的自由现金流是以未来的预测为基础。

除此之外，在计算自由现金流的时候，方法也有所不同。具体包括以下三点：

第一个是作为基础的利润的差异。现金流量表的自由现金流是以当期净利润为基础，而金融层面的自由现金流则是以营业利润为基础。

第二个是减去的税金的差异。现金流量表的自由现金流减去的是企业实际负担的最终税金，而金融层面的自由现金流减去的则是根据营业利润需要支付的假设税。

第三个是**投资的金额范围的差异**。现金流量表的自由现金流减去的是投资活动中购买设备、收购等事业投资，有价证券投资等财务投资与出售金额之间的差额。而金融层面的自由现金流减去的只有设备投资额等与事业相关的投资。

综上所述，为了更准确地计算出事业的盈利情况，金融层面的自由现金流是以营业利润为基础，减去营业利润需要支付的税金以及与事业相关的投资，只集中在事业层面上的自由现金流。

练习题

根据预测财务报表计算自由现金流

接下来让我们根据以下的示例来做一下计算自由现金流的练习。X社明年（XXX1 年）的损益表和资产负债表的预测如图表 2—7 所示。请根据其中的数据计算 X 社的事业明年能够产生的自由现金流的金额。

图表 2—7　X 社的损益表和资产负债表的预测

损益表		资产负债表		
(XXX0 年 4 月 1 日—XXX1 年 3 月 31 日)		XXX1 年 3 月 31 日		
	(单位：百万日元)			(单位：百万日元)
营业收入	1,000	资产	XXX0/3/31	XXX1/3/31
营业成本	550	流动资产		
营业毛利	450	现金存款	80	90

营业费用和一般管理费	350		应收账款	100	120
人工成本	80		存货资产	60	65
促销成本	160		固定资产		
折旧费	20		有形固定资产	370	380
其他	90		其他固定资产	390	400
营业利润	100		资产合计	1,000	1,055
营业外收入	5				
营业外费用（支付利息）	15		负债及资本	XXX0/3/31	XXX1/3/31
经常利润	90		流动负债		
税前利润	90		应付账款	70	80
法人税等（30%）	27		短期贷款	100	82
当期净利润	63		固定负债		
			长期贷款	400	400
			净资产		
			资本金	110	110
			资本盈余	320	383
			负债和净资产合计	1,000	1,055

　　首先，为了核算事业产生的盈利，需要以损益表中的营业利润为基础，根据营业利润计算出需要支付的税金，也就是假设税。

　　图表2—8中的营业利润为100，日本企业的税率为30%，那么假设税就是30。减去这个税金之后，就能计算出税后净营业利润。

图表 2—8　自由现金流的计算

营业利润	100
法人税等（30%）（－）	30
税后净营业利润	70
折旧费等（+）	20
设备投资额等（－）	30
净营运资本增加额（－）	15
自由现金流	**45**

在图表 2—8 中，用营业利润 100 减去 30 的税金，得出税后净营业利润为 70。

在此基础上，为了将 NOPAT 变为自由现金流，需要进行三个调整：

第一个是加上折旧费，因为折旧费虽然作为费用在利润中减掉，但实际上并没有支付现金。图表 2—8 中的"折旧费等"根据损益表中记载的数字为 20。

第二个是减去设备投资额，因为即便没有产生的折旧费，现金也已经在投资设备的时候一次性支付完毕了。图表 2—8 中的"设备投资额等"为 30。

第三个是根据营运资本的变化导致利润和现金出现时间差的部分进行调整。图表 2—8 中根据资产负债表的数字计算出来的营运资本的增加额为 15，这部分作为"净营运资本增加额"需要减去。

关于净营运资本增加额的计算如图表 2—9 所示。

图表 2—9　营运资本的变化

	XXX0 年	XXX1 年	净营运资本增加额
应收债权（+）	100	120	+ 20
存货资产（+）	60	65	+ 5
应付债务（－）	70	80	－ 10
净营运资本	90	105	**+ 15**

在计算自由现金流的时候需要减去这部分的金额

其中 XXX0 年已经售出商品却没收回现金的应收债权为 100，用于保证存货资产的金额为 60。

另一方面，已经采购到商品却没有支付现金的应付债务为 70。那么净营运资本的计算公式如下：

应收债权 100 ＋ 存货资产 60 － 应付债务 70 ＝ 90

因为净营运资本在 XXX0 年为 90，XXX1 年为 105，1 年间增加了 15，所以这部分的金额变化也需要在现金流的计算中反映出来。

这个数字也可以通过图表 2—9 右侧的净营运资本增加额部分计算得出。具体来说，应收债权增加了 20，存货资产增加了 5，这些都是事业运营所需的现金，所以意味着营运资本增加。而应付债务增加了 10，这意味着营运资本减少，所以应该将其减去。最后的计算公式如下：

应收债权增加 20 ＋ 存货资产增加 5 － 应付债务增加 10 ＝ 15

这样就能够计算出净营运资本增加额为 15。减去这个数值之后最终得出自由现金流为 45，如图表 2—8 所示。

预测自由现金流
是评估投资项目的关键

北川在听完石山的说明之后，终于搞清楚了自由现金流的意义。

自由现金流能够真实地反映出投资项目的盈利情况，因为其以营业利润为基础，并且排除了税金、折旧费、设备投资额、营运资本增加额等因素的干扰。可以说自由现金流是事业盈利的基础，能否准确预测自由现金流直接关系到投资项目评估的准确度。而大家在会议上讨论的，正是关于自由现金流预测的准确度。

虽然北川也知道想要准确地做出预测并不容易，但从提高投资项目说服力的角度来说，他还是要思考怎样才能提高自由现金流。

总 结

▶ 自由现金流是包括投资在内的事业产生的所有现金流，所以必须减去投资的金额。

▶ 自由现金流以营业利润为基础，用营业利润减去税金、加上折旧费、减去设备投资额、减去营运资本增加额后计算得出。

▶ 与现金流量表的自由现金流相比，金融层面的自由现金流主要用于对未来的预测，在计算时也主要集中在与事业相关的现金流上。

4 NPV法与IRR法 ——评估投资项目的方法

如何对项目进行评估？

一直在电子零件生产企业 Q 社从事营业工作的今关，凭借长期以来的优异业绩在上个月被提拔为营业部部长。虽然他对自己的营业能力很有信心，但成为部长之后，他需要面对的除了现场的营业工作之外，还有对新投资项目的评估和判断。比如昨天他就刚刚接到部下提出的一项新投资计划。

根据 Q 社的传统，在提出投资项目的时候，除了要对市场和竞争产品等进行定性的说明之外，还需要制作一份关于投资项目的评估表。所谓的评估表，是一份用 Excel 制作的表格，只要在表格中输入根据营业收入、营业利润等计算出来的自由现金流，就能够自动计算出 NPV 和 IRR 等数字。

昨天部下提出的新投资计划也附带了这样一份表格。今关之前从没有做过营业之外的工作，所以对表格中记载的 NPV×× 百万日元，IRR××% 等数字代表的含义不是十分理解。

他在下班之后顺路去了一趟书店，买了本《一学就会的投资项目评估方法》，到家后立刻学习起来。

NPV 法是用现值对项目的盈利情况进行评估的方法

NPV 是 Net Present Value 首字母的简写，翻译过来叫作净现值。NPV 法是利用净现金效益量的总现值与净现金投资量算出净现值，然后根据净现值的大小来进行评估的方法。

简单来说，它的计算是未来获利的现值，这个值越大，项目越值得投资。比如在贴现率为 10% 的情况下，进行 100 万日元的投资，随后的 3 年间每年都能获得 50 万日元的盈利，那么这个投资项目的净现值计算方法如下：

$$-100 \text{ 万日元} + \frac{50 \text{ 万日元}}{(1+10\%)} + \frac{50 \text{ 万日元}}{(1+10\%)^2} + \frac{50 \text{ 万日元}}{(1+10\%)^3}$$

$$= -100 \text{ 万日元} + 45.45 \text{ 万日元} + 41.32 \text{ 万日元} + 37.57 \text{ 万日元}$$

$$= 24.34 \text{ 万日元}$$

注：精确到小数点后第二位。

经过计算得出 NPV 为 24.34 万日元，这意味着如果投资项目一切顺利的话，3 年后能够获得相当于现值 24.34 万日元的盈利。

当 NPV 为正数的时候，说明该项目的现值是盈利的，可以执行；如果 NPV 为负数的话，则说明该项目的现值不盈利，不应该执行。

将 NPV 作为评估的基础：

NPV ≥ 0 可以执行。

NPV 的数值越大，说明项目的盈利越好。

NPV ＜ 0 不应该执行。

IRR 法是用收益率对项目的盈利情况进行评估的方法

IRR 是 Internal Rate of Return 首字母的缩写，翻译过来叫作**内部收益率**。

IRR 法就是以项目每年的平均收益率为基础，对项目进行评估的方法。

以 NPV 为基础的话，**IRR 也可以看作 NPV ＝ 0 时的贴现率**。

或许有人会说，NPV ＝ 0 那不就是完全没有盈利吗？这究竟是怎么回事呢？

IRR 表示的是投资项目的年平均收益率。而贴现率是资金提供者期待的 WACC。

NPV ＝ 0 意味着该项目的收益率与资金提供者期待的收益率相同，将该项目未来的利润转变为现值之后为零，也就是说不会出现亏损。

换句话说，只要项目进展顺利，那么这个项目就能够产生出与 NPV ＝ 0 时的贴现率相同的利润。这种情况下的收益率就是 IRR。

让我们来整理一下：

○ 计算 NPV 的时候，贴现率以 WACC 为基础。
○ WACC 是资本成本（企业筹集的资金的成本），换句话说，就是资金提供者（银行、公司债券持有人、股东）期待企业获得的利润。
○ NPV 以资本成本（WACC）作为贴现率，将未来的自由现金流转变为现值。也就是在考虑到资金提供者期待利润的前提下的自由现金流的价值。
○ 那么 NPV ＝ 0 时，意味着在考虑到资金提供者期待利润的前提下，自由现金流为零的状态。IRR 就是这种状态下事业和项目的收益率（事业顺利展开）。

更通俗地说，**NPV ＝ 0 时的 IRR，就是企业通过投资获得的利润，正好等于资金提供者期待利润的门槛回报率。**

为了让大家更好地理解 IRR 的概念，让我们以 IRR 为 10% 的投资项目为例进行思考（图表 2—10）。

图表 2—10　IRR 为 10% 时的投资项目示例

（单位：百万日元）

第 0 年	第 1 年	第 2 年	第 3 年
－ 100	10	10	110

首先来计算一下这个项目的 NPV。

因为这个投资项目的 IRR 为 10%，所以根据 10% 的贴现率来计算 NPV，计算方法如下：

$$- 100\,万日元 + \frac{10\,万日元}{(1 + 10\%)} + \frac{10\,万日元}{(1 + 10\%)^2} + \frac{10\,万日元}{(1 + 10\%)^3}$$

$$= -100\,万日元 + 9.091\,万日元 + 8.264\,万日元 + 82.645\,万日元$$

$$= 0$$

在这个案例中，最初投资 100 万日元，第一年和第二年的盈利都是投资额 100 万日元的 10%，也就是 10 万日元。到了第三年，除了投资额 10% 的 10 万日元之外，还将最初的投资额 100 万日元全部返还。

也就是说，最初投资 100 万日元，连续三年的盈利都是投资额 10% 的 10 万日元，第三年还能够全额回收投资成本。这就是 IRR 为 10% 的情况。

以 IRR 为基础对投资项目进行评估时，主要看 IRR 的数字是否大于 WACC 的数字。因为 WACC 是资金提供者期待企业获取的利润，所以必须与这个数字进行对比。

不过在实际情况中，有些企业会将稍微高于 WACC 的数字作为投资效率的基准（门槛回报率）。在这种情况下，就要看 IRR 是否大于这个门槛回报率。

以 IRR 为基础进行评估：
IRR ≥ 门槛回报率（WACC），可以执行。
IRR ＜ 门槛回报率（WACC），不应该执行。

IRR 人工计算起来很难，所以在实际应用中都是用 Excel 来计算。

只需 5 分钟!
用 Excel 计算 NPV 和 IRR

NPV 和 IRR 人工计算要花费很多时间。尤其是预测现金流比较复杂的投资项目的 IRR,用人工计算几乎是不可能的任务。在实际应用中多用 Excel 来计算。接下来我将为大家说明使用 Excel 进行计算的方法。

请大家打开 Excel 新建一个工作表。然后将预测现金流输入表格中。初期投资 100,第一年到第三年的盈利分别为 30、40、50(图表 2—11)。

图表 2—11　Excel 工作表 ①

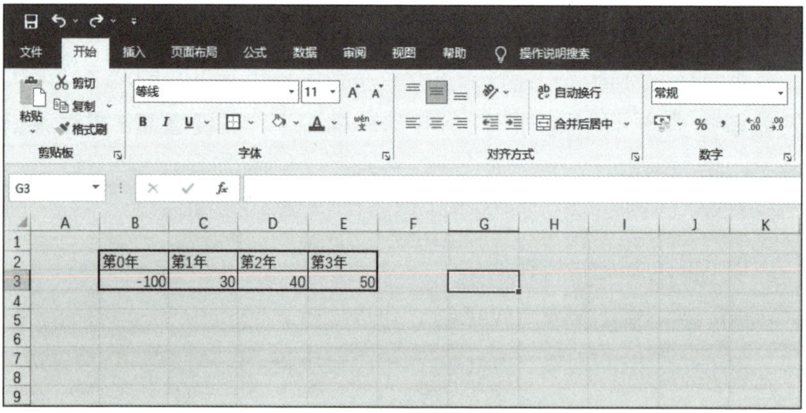

计算 NPV 的方法

首先来计算 NPV。可以在 Excel 的任意一个空白单元格放置 NPV 的计算结果(这里选择 G3)。然后**点击位于表格上方工具栏中的"公式"**(图表 2—12)。

图表 2—12　Excel 工作表 ②

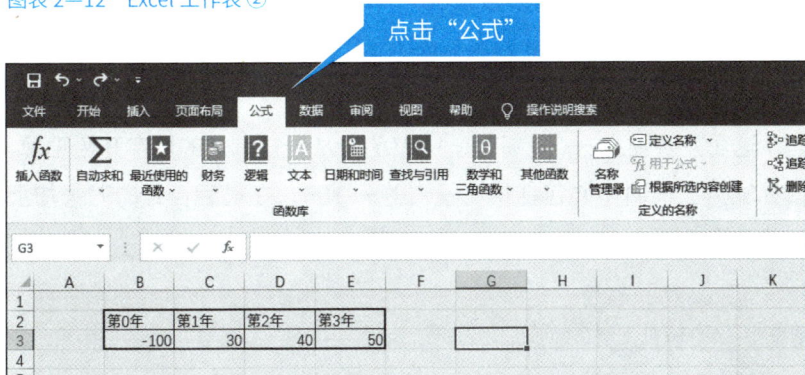

接下来点击"公式"工具栏下方的**"财务"**按钮。下拉列表中就会出现与财务相关的函数。在其中**选择"NPV"后单击**（图表 2—13），就会**出现"函数参数"对话框**。

图表 2—13　Excel 工作表 ③

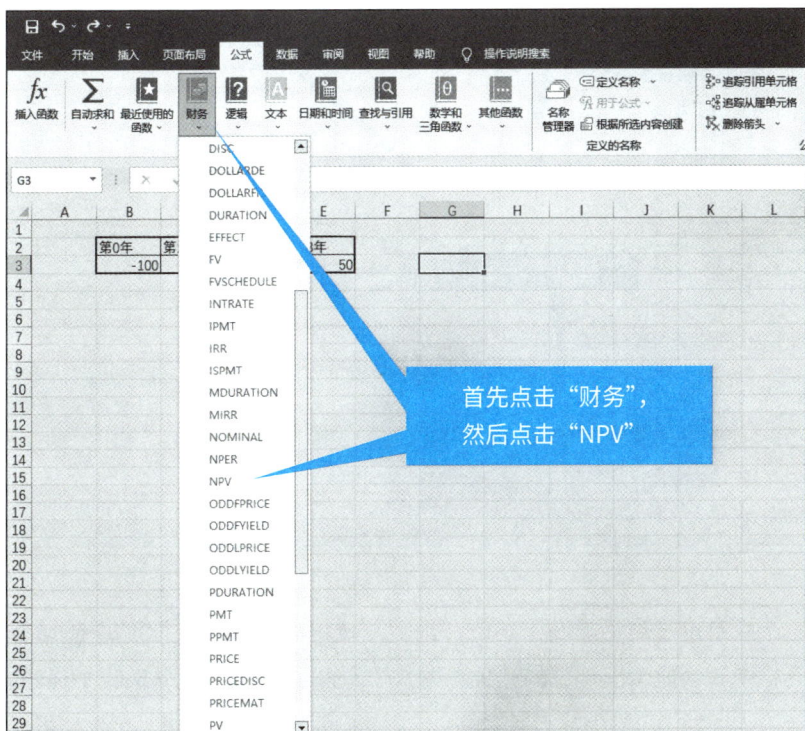

接下来在"函数参数"对话框中输入贴现率（图表 2—14）。比如贴现率为 5% 的情况下就输入 0.05。然后在"Value1"中输入写有第一年到第三年盈利数字的单元格。

这里需要注意一点，那就是 NPV 函数从最初制定的数字开始贴现。因此输入数值时不必包括最初投资的－ 100，在最后合计的时候加上即可。

图表 2—14　Excel 工作表 ④

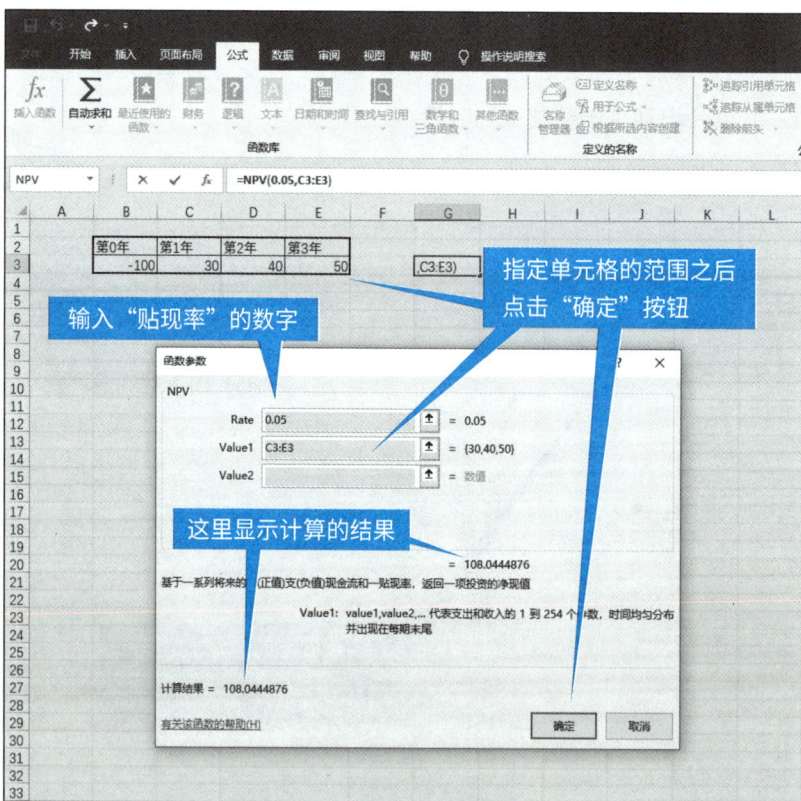

点击位于对话框右下角的"确定"按钮后，在之前指定的 NPV 单元格中就会显示出计算的结果。在这个示例中，贴现率为 5%，NPV 的计算结果为 108（小数点后省略）。正如前面提到过的那样，这个结果包含有最初投资的－100，所以还需要用108－100。具体的操作方法是在108单元格上下或左右的单元格中输入－100，然后**指定"108""－100"和"空白单元格"，再点击上方工具栏中的"自动求和"，就能计算出两者的结果"8"**（图表2—15）。这就是这项投资的NPV。

图表2—15　Excel工作表 ⑤

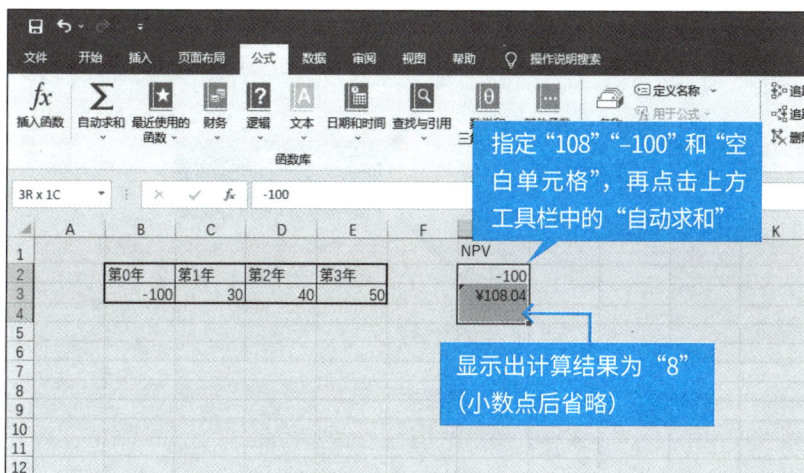

计算 IRR 的方法

接下来计算IRR。

计算IRR时也是先从输入预测现金流开始。接下来的操作和计算NPV时基本相同。具体来说，就是指定放置IRR结果的空白单元格，点击上方工具栏中的"公式"（图表2—12）。然后点击"函数"工具栏中的"财务"，从下拉列表中选择"IRR"并点击（图表2—16）。

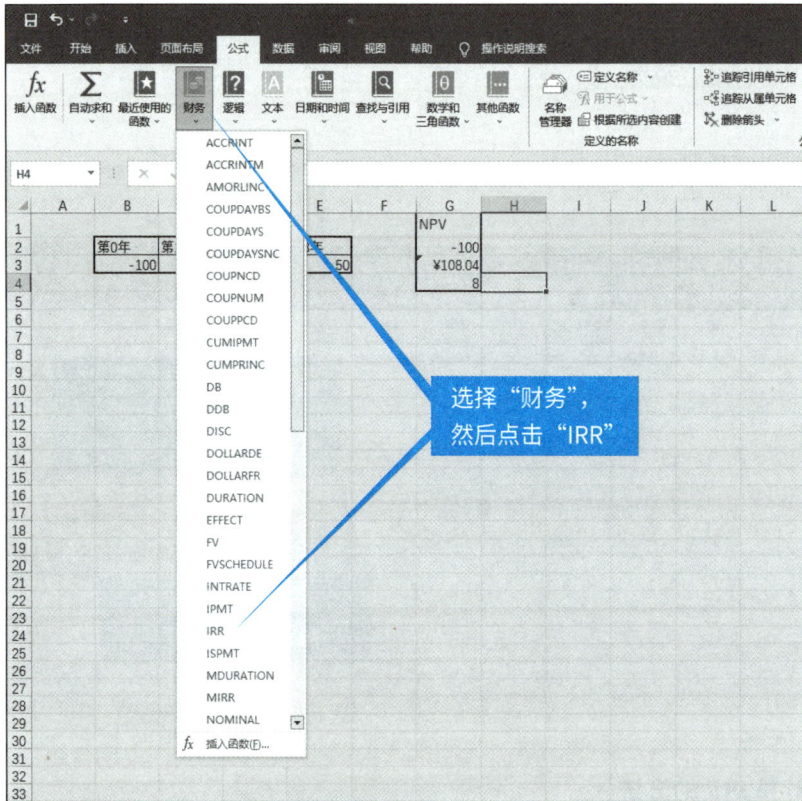

在弹出的"函数参数"对话框中，首先将预测现金流的"范围"填写进去。比如在这次的示例中，就是－100、30、40、50 的单元格。填写完毕后点击右下角的"确定"按钮就能自动计算出 IRR。这次示例的 IRR 数值为 9%（小数点后省略）（图表 2—17）。

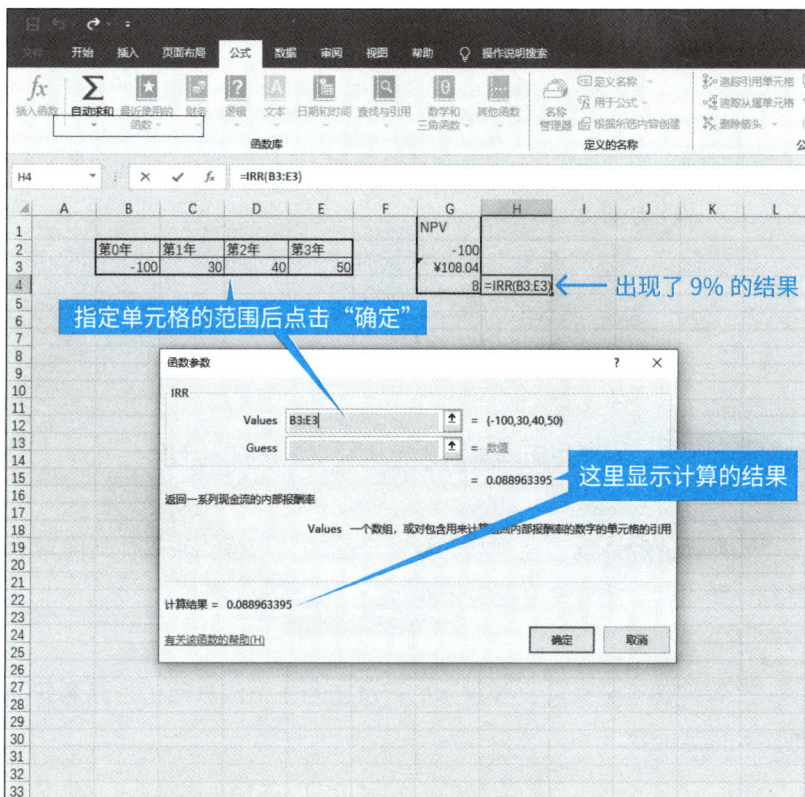

像这样，学会用 Excel 来计算后，要想模拟第一年的盈利从 30 变为 40 的情况，只需要修改第一年的数字，NPV 和 IRR 的结果也会随之自动改变，非常方便。也就是说，只要掌握了 Excel 的使用方法，就能非常轻松地计算出 NPV 和 IRR 的数值。

即便是之前从没用过这种方法的人也能够很快掌握，希望大家能够亲自尝试一下。当你能够熟练使用之后，也可以将这种方法推荐给部下或后辈。

关键在于
预测自由现金流

前文中介绍的 NPV 法和 IRR 法都是最近日本企业经常使用的、评估投资项目的方法。

要想保证评估的结果准确，关键在于预测自由现金流的准确度。预测未来非常困难，完全准确几乎是不可能的，只能尽量提高预测的准确度。

一般来说，**预测自由现金流要先从预测营业收入开始。**

因为营业收入以市场规模、竞争产品的情况等比较具体的内容为基础，所以预测的准确度相对较高。

接着，在考虑到营业收入与生产量之间关系的基础上，**预测变动成本和固定成本。**

然后，以计算出来的营业利润为基础，**减去假设税的金额，就能够计算出税后净营业利润。**

在此基础上，**预测设备投资的金额**，以此为基础**计算折旧费**。根据类似事业过去的营业收入、营业成本、应收债权、存货资产、应付债务的比率，再加上今后应收债权的回收条件、存货资产的持有方针、应付债务的支付条件等调整因素，就能够**预测出营运资本**。最后根据上述项目的预测数值，计算自由现金流。

不过在实际预测自由现金流时，需要注意以下几点：

① 对投资后自由现金流的变化情况进行评估

评估投资项目时，需要确认投资后的自由现金流与投资前的自由现金流之间的增减情况。也就是以自由现金流的变化情况作为评估的基础。这种变化能否盈利是评估的关键。

② 不考虑投资后不会产生变化的部分，比如过去的投资和利润、为了维持现有的组织体制而花费的成本等。

正如①中提到过的那样，评估投资项目时，关键在于评估投资后自由现金流的变化情况。而与自由现金流的变化没有关系的部分则完全不予考虑。

比如过去投资的金额和过去产生的利润，这些都是过去已经发生的事实，不管是否进行新的投资都不会产生变化，所以不应该被包含在未来的自由现金流中。

此外，为了维持现有的组织体制而花费的成本，也是不管是否进行新的投资都不会产生变化，也不应该被包含在未来的自由现金流中。

像这种不管是否执行新的投资项目都不会产生变化的成本，因为对未来的决策没有任何影响，所以被称为沉没成本。 在预测未来的自由现金流时，完全没必要考虑沉没成本。

不过，也有一个需要注意的情况。

比如某项目在投资途中，因为外部环境发生了巨大的变化，需要判断项目是否应该继续。这种情况下的前期投资，是否属于沉没成本呢？

对于这个问题，或许不同的人会有不同的答案：项目中止的话前期投资就浪费了，所以应该坚持下去；将前期投资也算在内，重新计算 NPV 和 IRR，确认是否能够盈利等。

这种情况下，正确的做法是不考虑已经投入的资金，站在未来的立场上进行思考：

计算完成投资还需要多少资金，预测自由现金流因此会发生怎样的变化，然后判断其是否满足 NPV 与 IRR 的基准。

也就是说，**在判断投资项目是否应该继续下去的时候，应该将之前的投资当作沉没成本。**

③ 在使用闲置资产的情况下，能变卖或出租的闲置资产，也应该将其看作投资和成本。

使用闲置资产（闲置地皮、闲置空间）进行事业投资的时候，因为不会对企业的现金流产生影响，所以原则上来说不应该被包含在自由现金流的预测中。

但也有例外，比如能够随时变卖或出租的闲置资产。如果用这些资产来投资，那么就使其失去了变卖或出租的机会，所以必须将这部分的损失也考虑进来。

具体来说，就是将使用闲置资产投资的收益，与将闲置资产变卖或出租时的收益进行对比。或者将闲置资产变卖或出租所能获得的金额看作借贷资金，将其反映在预测自由现金流上。

总之不管采用哪种方法，都需要**将能够随时变现或出租的闲置资产以某种形式包含在预测自由现金流的评估中。**

④ 自由现金流的持续期间

预测投资项目的自由现金流时，应该设定多长的持续期间呢？

如果是像设备投资这样期间有限的情况，可以将设备的使用年限或者设备的实际使用时间设定为持续期间。

但对于一项新事业来说，如果发展顺利的话谁都希望将其一直持续下去。在这种情况下，就需要以一直持续下去为前提来评估。

具体来说，就是**先预测未来7～10年左右的自由现金流，然后以此为基础，评估之后的自由现金流。**

比如先预测未来 7 年的自由现金流，至于第 8 年以后的现金流，则根据第 7 年的经济增长率加以调整，并以能一直经营下去为前提进行评估。

之所以将预测期间设定为 7 ～ 10 年，是因为评估投资项目时，需要考虑到现有的技术、品牌、销售渠道等竞争优势。这些竞争优势会随着时间的流逝而逐渐消失。一般情况下，绝大多数的竞争优势都会在 7 ～ 10 年内消失。

也就是说，将预测期间设定为 7 ～ 10 年，就能够涵盖现在拥有的竞争优势全部的发展期间，在此之后的收益增长基本与当地的 GDP 增长程度相同。

当然，对于某些环境变化激烈的事业来说，竞争优势最多只能维持 5 年，而环境变化缓慢的事业，竞争优势则能够维持 10 年。我们需要根据实际的状况来调整预测期间。

利用情景分析与敏感性分析来进行模拟

NPV 法与 IRR 法都是以预测自由现金流为基础的，但正如前文中提到过的那样，想要准确地预测自由现金流是近乎不可能的任务。

作为预测前提的经济环境、市场动向、竞争企业采取的行动、原材料和零部件的价格波动等，都有可能大幅改变预测的结果。因此，必须考虑到各种可能出现的情况来进行模拟。其中最具代表性的模拟方法就是情景分析和敏感性分析。

① 情景分析

这是分别以**非常顺利的"乐观情景"、正常状态的"普通情景"、最差状态的"悲观情景"**为前提预测自由现金流，然后以此为基础通过 NPV 法和 IRR 法进行评估的模拟方法。

为了弄清投资项目的状况，需要使用 3C 框架（Customer：顾客和市场的状况、Competitor：竞争企业的状况、Company：企业的状况）来设定前提。

其中难以准确把握的 Customer 和 Competitor 是非常重要的前提。

此外，在进行大规模投资的时候，必须确认最坏的结果可能造成怎样的影响。

因此，**以最差状态的"悲观情景"为前提，预测自由现金流非常重要。**

如果预测的结果可能导致企业的经营陷入危机，那么就应该认真考虑是否取消这个投资项目，或者大幅调整投资计划。

② 敏感性分析

如果在进行投资之前，**作为前提的数字中存在无法确定的数字，可以分别用最优数字和最差数字进行替换，然后计算各自情况下的 NPV。**

前文中提到的情景分析是从事业整体的乐观情景和悲观情景来模拟，而敏感性分析则是只针对无法确定的数字来模拟。在实际的操作中，大多将市场规模、顾客数量、市场占有率升降等与外界情况相关的要素作为变量。

超简单的回收期法，
必须和 NPV 法和 IRR 法一起使用

除了 NPV 法和 IRR 法之外，日本企业还常用**回收期法**对项目进行评估。这个方法非常简单，它是利用投资回收期进行评估的方法。在计算盈利时，分为以利润为基础和以自由现金流为基础两种。请看以下的示例（图表 2—18）：

	第 0 年	第 1 年	第 2 年	第 3 年
项目 A	－ 100	40	60	60
项目 B	－ 100	30	40	60

首先来看项目 A，第 0 年投资－ 100，第 1 年的盈利 40 和第 2 年的盈利 60 加起来等于 100，刚好回收了全部的投资。也就是说，项目 A 的回收期为 2 年。

再来看项目 B，第 0 年投资—100，第 1 年的盈利 30 和第 2 年的盈利 40 加起来只有 70，没能回收投资。再加上第 3 年的盈利 60 之后合计盈利 130，这才终于回收了全部的投资。也就是说，项目 B 的回收期为 3 年。不过因为第 3 年的盈利为 60，只需要加上一半盈利（30）就足够回收全部投资，所以项目 B 的回收期应该为 2.5 年。

在用回收期法对投资项目进行评估时，回收期越短的项目评价越高。在上述示例中，项目 A 的回收期为 2 年，项目 B 的回收期为 2.5 年，所以项目 A 比项目 B 更好。

不过，**回收期法存在两个问题**：

第一个是**没有将未来的盈利（自由现金流）变为现值**。正如前文中提到过的那样，如果考虑到利息和风险，必须将未来产生的自由现金流转变为现值后再进行评估。

第二个是**只对回收期进行评估，却忽视了最终的盈利情况**。在评估投资项目时，只看回收期的长短显然是不够的。还应该用 NPV 法评估盈利情况，以及用 IRR 法评估收益率。

那么，在评估投资项目时，应该用 NPV 法、IRR 法、回收期法这三种方法中的哪一种作为核心来进行分析呢？

答案是以 **NPV 法为核心**。因为回收期法关注的重点在于回收期的长短，完全忽视了盈利的多少。

IRR 法评估的是收益率，但百分比的数值并不能准确地反映出盈利的多少。如果只用 IRR 法来评估，可能选择的投资项目都是收益率很高但整体利润规模很小的项目。综上所述，以 NPV 法作为评估的核心是最好的选择。

也有一些企业会首先看 IRR 是否大于门槛回报率，然后针对符合条件的投资项目，再根据回收期的长短、紧急度的高低、盈利的多少等进行综合分析后做出判断。

各企业可以根据自身的实际情况，综合运用上述三种方法。

练习题

新款高级护肤霜能盈利吗？

化妆品公司 UNITED COSME（以下简称 UC 社）成功开发出了新款高级护肤霜，准备大规模地生产和销售。请根据以下的前提，对这项事业进行评估（图表 2—19）。

前提条件① 商业模式

高级护肤霜的生产外包给其他企业，所以不需要进行大规模的设备投资。计划在特定商场限定销售，同时也有网络销售。

前提条件② 预测营业收入：预测目标顾客群体、价格、销售数量

销售价格计划为单价 8,000 日元，顾客群体为 40 ～ 50 岁的日本女性。根据目标顾客群体的数量，以及对护肤的重视程度和收入水平等因素，可以预测出购买率，再以购买者每年的使用量和持续使用率为基础，预测出每个顾客每年的购买数量，这样就能预测出每年的销售数量。

前提条件③ 预测成本和税金

根据预测的营业收入，可以根据以下前提制作出预测损益表。

- 护肤霜的成本为 2,000 日元。因为生产是完全外包给其他企业，所以营业成本里并不包括折旧费等因素。
- 这项事业的人工成本为平均每人 6,000 千日元，考虑到人员结构和奖励机制，人工成本可能会少许增加。这项事业的从业人员数量也会记录在预测损益表上。
- 广告宣传等促销费用，最初两年投入会比较大，第三年之后按照营业收入的 40% 计算。
- 关于物流成本，因为主要以网络销售为主，所以每件商品的物流费用大约为 700 日元，商场销售的物流成本也按照同样的数字计算。
- 关于成立新事业产生的一般管理费和折旧费等，以预测损益表中记载的数字为准。
- 法人税等实际税率以 30% 计算，假设没有税金调整，完全根据税前利润缴税。这项事业由公司内部的第一事业部负责，如果出现赤字的话可以用公司内其他事业的利润来进行弥补，能够在一定程度上节约税金。

前提条件④ 设备投资计划

新事业的准备工作从 XXX0 年开始，该年度的初期投资额包括成立事业部办公室的费用预计为 400,000 千日元，这笔金额在 XXX0 年末一次性支付。事业开始后没有追加投资。

前提条件⑤ 预测营运资本

营运资本预计为行业平均水平。应收债权以信用卡结算为前提，预计为每年营业收入的 10%，存货资产预计为每年营业成本的 30%，应付债务预计为每年营业成本的 15%。

前提条件⑥ 项目持续期间与最终年度的处理

预测这项事业从 XXX1 开始销售，一直持续到 XXX7 年，然后就宣告结束。与事业相关的设备将在 XXX8 年末废弃。预测届时的账面价格为 50,000 千日元。剩余存货也计划全部废弃。

前提条件⑦ 贴现率

以 UC 社的 WACC 为基础设定贴现率为 6%。

前提条件⑧ 评估时间

评估时间设定为 XXX0 年年末。

图表 2—19　新化妆品事业的计划

新化妆品事业的市场评估与营收预测　　　　　　　　　　　　　　（单位：千日元）

		XXX1	XXX2	XXX3	XXX4	XXX5	XXX6	XXX7
目标顾客数（人）	①	16,000,000	15,900,000	15,800,000	15,600,000	15,500,000	15,400,000	15,400,000
购买比率（%）	②	0.2%	0.4%	0.5%	0.6%	0.6%	0.6%	0.6%
年平均购买数量（个）	③	4	5	5	5.1	5.2	5.3	5.4
预测销售数量（个）	④=①×②×③	128,000	318,000	395,000	477,360	483,600	489,720	498,960
预测销售单价（日元）	⑤	8,000	8,000	8,000	8,000	8,000	8,000	8,000
预测营业收入（千日元）	⑥=(④×⑤)/1,000	1,024,000	2,544,000	3,160,000	3,818,880	3,868,800	3,917,760	3,991,680
预测生产成本（日元）	⑦	2,000	2,000	2,000	2,000	2,000	2,000	2,000

新化妆品事业的预测损益表　　　　　　　　　　　　　　　　　　　　　（单位：千日元）

		XXX1	XXX2	XXX3	XXX4	XXX5	XXX6	XXX7
营业收入	⑥	1,024,000	2,544,000	3,160,000	3,818,880	3,868,800	3,917,760	3,991,680
营业成本	⑧＝④×⑦	256,000	636,000	790,000	954,720	967,200	979,440	997,920
营业毛利		768,000	1,908,000	2,370,000	2,864,160	2,901,600	2,938,320	2,993,760
营业费用和一般管理费								
人工成本	⑨＝⑩×⑪	180,000	217,000	256,000	260,000	260,000	260,000	260,000
员工数(人)	⑩	30	35	40	40	40	40	40
平均薪水	⑪	6,000	6,200	6,400	6,500	6,500	6,500	6,500
促销费	初期固定，随后为营业收入的40%	1,500,000	1,500,000	1,264,000	1,527,552	1,547,520	1,567,104	1,596,672
物流费	销售数量×700日元	89,600	222,600	276,500	334,152	338,520	342,804	349,272
一般管理费	逐渐增加后固定	80,000	100,000	120,000	120,000	120,000	120,000	120,000
折旧费	按定额法折旧	50,000	50,000	50,000	50,000	50,000	50,000	50,000
合 计		1,899,600	2,089,600	1,966,500	2,291,704	2,316,040	2,339,908	2,375,944
营业利润		−1,121,600	−181,600	403,500	572,456	585,560	598,412	617,816

新化妆品事业的营运资本变化预测　　　　　　　　　　　　　　　　　　　（单位：千日元）

	XXX0	XXX1	XXX2	XXX3	XXX4	XXX5	XXX6	XXX7	XXX8
应收债权（+）	0	102,400	254,400	316,000	381,888	386,880	391,776	399,168	0
存货资产（+）	0	76,800	190,800	237,000	286,416	290,160	293,832	299,376	0
应付债务（-）	0	38,400	95,400	118,500	143,208	145,080	146,916	149,688	0
净营运资本	0	140,800	349,800	434,500	525,096	531,960	538,692	548,856	0
营运资本增加额		140,800	209,000	84,700	90,596	6,864	6,732	10,164	-548,856

计算新化妆品事业自由现金流、NPV 与 IRR 的预测工作表　　　　　　　（单位：千日元）

	XXX0	XXX1	XXX2	XXX3	XXX4	XXX5	XXX6	XXX7	XXX8
营业利润		-1,131,600	-1,181,600	403,500	572,456	585,560	598,412	617,816	0
法人税等（30%）（-）		-339,480	-54,480	121,050	171,737	175,668	179,524	185,345	0
NOPAT		-792,120	-127,120	282,450	400,719	409,892	418,888	432,471	0
折旧费（+）		50,000	50,000	50,000	50,000	50,000	50,000	50,000	
设备投资（-）	400,000	0	0	0	0	0	0	0	
营运资本增加额（-）		140,800	209,000	84,700	90,596	6,864	6,732	10,164	-249,480
设备处理损失节税（+）									15,000
自由现金流	-400,000	-882,920	-286,120	247,750	360,123	453,028	462,156	472,307	264,480
NPV 计算	贴现率	6%							
现价系数	1	0.943	0.890	0.840	0.792	0.747	0.705	0.665	0.627
自由现金流的现值	-400,000	-832,942	-254,646	208,016	285,251	338,529	325,802	314,111	165,938

新化妆品事业的 NPV	150,058

新化妆品事业的 IRR	8.27%

自由现金流预测工作表的说明

我将以 XXX3 年的自由现金流为例进行说明。

UC 社预测损益表上记载的 XXX3 年的**营业利润**为 403,500 千日元。前提条件③记载的法人税率为 30%，这样可以计算出 XXX3 年营业利润的**假设税（法人税等）**为 121,050 千日元。

用营业利润减去税金之后，可以计算得出**税后净营业利润（NOPAT）**为 282,450 千日元。根据前提条件③"假设没有税金调整，完全根据税前利润缴税。这项新事业由公司内部的第一事业部负责，如果出现赤字的话可以用公司内其他事业的利润来进行弥补，能够在一定程度上节约税金"，营业利润为赤字的 XXX1 年和 XXX2 年，都能够节省 30% 的税金。

另外根据日本的税制，以企业的名义成立事业，在出现赤字的情况下会免除全部的税金，即便随后出现盈利，也会将之前一定期间内的亏损与盈利相互抵消后再缴纳税金。因此，如果这项事业是以企业的名义成立的，需要采取另外的方法来计算税金。

包含在营业费用和一般管理费中的**折旧费** 50,000 千日元需要加回来。因为这部分费用虽然在计算营业利润的阶段被作为费用减掉了，但实际上并没有支付现金，所以需要加回来。如果是生产企业的话，不仅在营业费用和一般管理费中含有折旧费，营业成本中的生产设备也含有折旧费，这部分也必须加回来才行，请大家注意。

但这次 UC 社的案例中因为生产是外包进行的，所以在营业成本中不包含折旧费，也就不必考虑这个问题。

接下来是投资金额。设备投资的金额不会在支付的时候立刻变成费用。但现金却是在投资阶段一次性支付完毕了，所以在以营业利润为基础计算现金流的时候，必须将投资金额减掉。

在 UC 社的案例中，因为前提条件④"事业开始后没有追加投资"，所以 XXX3 年的**设备投资额为 0**。

此外，因为前提条件④还说"新事业的准备工作从 XXX0 年开始，该年度的初期投资额包括成立事业部办公室的费用预计为 400,000 千日元，这笔金额在 XXX0 年末一次性支付"，所以在 XXX0 年产生了 400,000 千日元的设备投资额。

接下来需要减去**营运资本的增加额**。因为营业收入增加的同时，应收债权与存货资产也会增加，而应付债务减少，需要对这部分的变化导致的现金变化进行调整。在这次的案例中，可以根据前提条件⑤对 XXX1 年之后的数字进行预测。

首先来看**应收债权**，XXX3 年年末的应收债权预测为 XXX3 年营业收入 3,160,000 千日元的 10%，所以就是 316,000 千日元。XXX3 年以外的年度也按照同样的方法预测。

然后是**存货资产**，XXX3 年年末的存货资产为 XXX3 年营业成本 790,000 千日元的 30%，也就是 237,000 千日元。XXX3 年以外的年度也按照同样的方法预测。

最后是**应付债务**，XXX3 年年末的应付债务为 XXX3 年营业成本 790,000 千日元的 15%，所以就是 118,500 千日元。XXX3 年以外的年度也按照同样的方法预测。

像这样对 XXX3 年的应收债权、存货资产以及应付债务进行预测，然后从现金流中减去应收债权与存货资产每年的增加额以及应付债务每年的减少额。在图表 2—19 中，**净营运资本为应收债权＋存货资产－应付债务**。这部分金额的增加部分，就是与营运资本相关的现金流的减少部分。由此计算出来的 XXX3 年营运资本增加额为 84,700 千日元。

将所有项目的数字都填写完毕之后，可以计算出 XXX3 年的自由现金流为 247,750 千日元。按照同样的方法可以预测出从 XXX1 年到 XXX7 年的所有自由现金流。

XXX0 年与 XXX8 年稍微有些不同。首先来看 XXX0 年，因为在这一年进行了 400,000 千日元的设备投资，所以自由现金流只有这部分的金额，而且为负数。另一方面，因为前提条件⑥"预测这项事业从 XXX1 开始销售，一直持续到 XXX7 年，然后就宣告结束"，所以 XXX8 年在回收应收债权、处理存货资产、支付应付债务之后，使营运资本归零，从而释放出 249,480 千日元的现金。

根据前提条件⑥"与事业相关的设备将在 XXX8 年末废弃。预测届时的账面价格为 50,000 千日元。剩余存货也计划全部废弃"，设备的废弃损失（与账面价值相同）50,000 千日元对应节省的税金为 50,000×30%（法人税的实际税率）＝ 15,000 千日元。这部分现金没有流出，得以保留。因此，在事业停止的 XXX8 年，合计产生 249,480 千日元＋ 15,000 千日元＝ 264,480 千日元的自由现金流。

分别用 NPV 法、IRR 法、回收期法对新事业进行评估

① NPV 法

NPV 是自由现金流的预测值乘以贴现率之后计算出的现值的合计。在 UC 社的案例中，根据前提条件⑦"以 UC 社的 WACC 为基础设定贴现率为 6%"。

根据前提条件⑧"评估时间设定为 XXX0 年年末"，XXX1 年的自由现金流属于评估时间点 1 年后的现金流，需要按照 6% 的贴现率将其转变为现值，也就是用 XXX1 年的自由现金流乘以 $1/(1 + 0.06)$ ＝ 0.943。

XXX2 年自由现金流的现值需要乘以 $1/(1 + 0.06)^2$ ＝ 0.890，XXX3 年及以后的自由现金流需要依次乘以 $1/(1 + 0.06)^3$、$1/(1 +$

0.06)^4……经过计算之后，从 XXX0 年到 XXX8 年的自由现金流的现值合计为 150,058 千日元。用前文中介绍过的 Excel 方法，能够很快地计算出结果。

因为 NPV 的计算结果为正数，所以这个投资项目可以执行。

② IRR 法

以 XXX0 年到 XXX8 年的自由现金流为基础，通过 Excel 的自动计算可以得出 IRR 为"8.27%"。因为这个比率高于 WACC 的 6%，所以这个投资项目可以执行。

③ 回收期法

从 XXX0 年开始将自由现金流按顺序累加，根据数值变为正数的时间来进行评估。在这个案例中，累加的金额在 XXX7 年变为正数，因此这个项目的回收期为 7 年。如果这个回收期比设定的目标回收期更短，就可以执行这个项目。

事业投资的情景分析

接下来，我们用情景分析法对高级护肤霜事业进行分析。针对销售数量、生产成本、人工成本、促销费用等设定以下的前提，分别进行评估（图表 2—20）。前文中记载的内容为"普通情景"。

	乐观情景	悲观情景
销售数量 　购买者比率 　年均购买数量	最终年度为普通情景的 140% 最终年度增加到 6	最终年度为普通情景的 85% 最终年度也停留在 5
生产成本	生产效率提升以及原材料和容器的成本下降，到最终年度逐渐降低到 1,800 日元	生产效率没有提升，原材料和容器的成本提升，到最终年度逐渐增长到 2,100 日元
人工成本	销量增加，到最终年度员工逐渐增加到 60 人	因为人手不足，平均工资到最终年度逐渐增加到 650 万日元
促销费用	口碑甚好，促销费用到最终年度逐渐降低到营业收入的 36%	销量不佳、促销活动效果不佳、到最终年度逐渐增加到营业收入的 42%

NPV	854,550 千日元	－ 296,914 千日元
IRR	16.01%	0.21%
回收期	第 6 年	第 8 年

由此可见，虽然乐观情景能够获得相当高的回报，但悲观情景的话 NPV 为负数，损失也相当惨重。

事业投资的敏感度分析

接下来，我们对高级护肤霜事业进行敏感度分析。

敏感度分析是将不确定的变量分别设置为乐观数值和悲观数值，然后计算 NPV，对未来可能产生的风险进行分析的方法。具体来说，就是考虑变量的变化范围，然后在这个范围之内对 NPV 进行模拟。

但在本次的示例中，各个变量的变化范围并不明确。在这种情况下，可以将所有变量都向能够增加 NPV 的方向调整 10%，然后计算 NPV 和 IRR 的变化情况。计算的结果如图表 2—21 所示。

图表 2—21　敏感度分析（向好的方向变化 10%）

变化的项目		IRR	NPV	与普通情景相比的增加率	顺序
基础情况		8.27%	150,058	100.0%	
销售数量	增加 10%	13.87%	524,662	349.6%	3
销售价格	提高 10%	20.01%	953,824	635.6%	1
每个的生产成本	减少 10%	13.03%	473,773	315.7%	4
人工成本	减少 10%	9.68%	243,460	162.2%	6
促销费用	减少 10%	17.24%	734,163	489.3%	2
物流成本	减少 10%	9.84%	255,505	170.3%	5
一般管理费	减少 10%	8.92%	193,062	128.7%	7
设备投资额	减少 10%	8.50%	161,205	107.4%	9
应收债权	减少 10%	8.47%	159,803	106.5%	10
存货资产	减少 10%	8.68%	176,150	117.4%	8
应付债务	增加 10%	8.34%	153,712	102.4%	11

注: 所有年度的设备投资额都减少 10%，折旧费、销售价格也减少 10%。

　　从图表可以看出，当不同的变量发生变化时，NPV 的结果也会出现巨大的变化。从 NPV 增加的结果上来看，增加最多的是将销售价格提高 10% 的情况，第二高的是将促销费用减少 10% 的情况，第三高的是将销售数量增加 10% 的情况，第四高的是将每个的生产成本减少 10% 的情况。

由此可见，销售价格是影响最大的因素，提高价格就相当于增加了同等金额的利润，而促销费用和营业成本即便同样变化 10%，对利润的影响也相对较少。此外，销售数量增加的同时，变动成本也会随之增加，降低其对利润的影响力。

考虑到以上这些，**新商品上市时，设定合适的销售价格并尽量避免降价销售，是确保投资盈利的关键。**

如果将销售价格降低 10%，就必须大幅提高销量或大幅消减成本，才能弥补损失。

因为本案例是促销费用占比比较高的化妆品事业，所以降低促销费用是影响利润第二大的因素。

对于绝大多数事业来说，**影响利润最大的因素是销售价格、生产成本、销售数量。**

一方面，在将人工成本、物流成本、营业费用和一般管理费减少 10% 的时候，可以将这些成本分别计算，虽然这些因素对利润的影响较小，但确实能够使 NPV 得到提升。此外，由于本案例的设备投资额并不高，所以设备投资额减少 10% 对 NPV 的影响也很小。

另一方面，应收债权、存货以及应付债务等营运资本。这些数字发生 10% 的变化，对 NPV 的影响可以说是微乎其微。营运资本对利润的影响之所以这么小，是因为在本案例中，以应收债权与存货必定能够转变为现金作为模拟的前提。

在经营环境恶化的情况下，应收债权和存货很有可能迅速地转变为不良债权和不良存货，导致出现巨大的损失。从这个角度来考虑的话，降低营运资本具有非常重要的意义。

此外，对于本案例来说，因为是企业内部的项目，所以营业成本、营业费用和一般管理费、设备投资和存货等在一定程度上是可控的，而受外部环境影响较大的销售数量、销售价格、应收债权等则可能无法调整，这一点必须注意。

学会本案例中的分析方法后，就可以对事业投资的风险性进行评估，并以此为基础思考提高新事业价值的具体方法。

提高新事业价值的具体方法

要想让 UC 社的高级护肤霜的新事业变得更有价值，应该怎么做才好呢？

我们知道对投资项目进行评估时最重要的方法就是 NPV 法，所以应该从提高 NPV 的角度来思考。

用 NPV 法对投资项目进行分析时，需要利用贴现率将未来自由现金流的预测值转变为现值，现金流产生得越晚，贴现的次数越多，转变的现值就越小。要想获得尽可能多的自由现金流，一是增加现金流的数值，二是缩短产生现金流的时间。

也就是说，**通过调整商业模式使现金流增加并尽早产生，就能够提高事业的价值。**

接下来让我们根据计算自由现金流的步骤来思考一下使现金流增加并尽早产生的具体方法吧。

① 提高营业利润

在 UC 社的案例中，提高营业利润的具体方法有重新设定价格、将外包改为自己生产、在保证品质的前提下降低成本、提高促销费用的使用效率等。此外，为了增加销售数量，在海外展开事业也是可以考虑的选择之一。

② 合理避税与核算折旧费

在 UC 社的案例中，关于这一点并没有具体的方法，但可以委托优秀的税务专家寻找合理的避税方案。此外，为了获取税金上的优惠，还可以将合理的折旧费最大限度地核算进来。

③ 优化投资

在 UC 社的案例中，可以对用于投资的 400,000 千日元进行优化，思考是否有能够节省下来的部分。

④ 控制营运资本

在 UC 社的案例中，可以采取预约购买的形式，事先从顾客手中收取一部分的货款，还可以通过建立起生产部门与销售部门共享信息的机制来压缩存货数量。

后 话

终于理解了 NPV 和 IRR 的意义

今关在看完书之后，终于理解了 NPV 和 IRR 的意义，掌握了利用 Excel 进行计算的方法。但关于 NPV 和 IRR 似乎还有一些需要注意的地方。

"明天再看一遍之前部下提交的那份评估表吧"今关这样想着，渐渐进入了梦乡。

总 结

▶ NPV 法是利用净现金效益量的总现值与净现金投资量算出净现值，然后根据净现值的大小来对项目进行评估的方法。NPV ≥ 0 的话项目就可以执行，NPV ＜ 0 的话项目就不能执行。在 NPV ≥ 0 的情况下，NPV 的金额越大，项目的价值就越高。

▶ IRR 法是以项目每年的平均收益率为基础，对项目进行评估的方法。IRR ≥门槛回报率（WACC）的话项目就可以执行，IRR ＜门槛回报率（WACC）的话项目就不能执行。

▶ 使用 Excel 可以很简单地计算出 NPV 与 IRR。

▶ 对自由现金流进行预测时，需要注意以下三点：对投资后自由现金流的变化情况进行评估；不考虑投资后不会产生变化的部分，比如过去的投资和利润、为了维持现有的组织体制而花费的成本等；在使用闲置资产的情况下，能变卖或出租的闲置资产，也应该将其看作投资和成本。

▶ 预测自由现金流的期间，原则上为投资效果覆盖的全部期间。但开展新事业的话，一般预测投资时产生竞争优势效果的期间，一般为 7 ～ 10 年。在此之后假设收益根据经济增长率继续增长为前提进行评估。

▶ 因为自由现金流的预测不可能完全准确，所以必须使用情景分析、敏感性分析等方法进行模拟，多管齐下，才能得到精确的结果。

▶ 回收期法是以投资金额的回收期作为评估基准的方法。但这种方法存在没有将未来的盈利（自由现金流）变为现值，以及只对回收期进行评估，却忽视了最终盈利情况这两个问题。

▶ NPV 法、IRR 法和回收期法都是评估投资项目的方法。不过，若要知道盈利的多少，NPV 法当属最佳。

▶ 在实际应用中，也有一些企业会首先看 IRR 是否大于门槛回报率（WACC），再根据回收期的长短、紧急度的高低、盈利的多少等，对投资项目进行综合分析后做出判断。

5 最佳的借贷水平 （最优资本结构）

借贷资金较多的交易对象
很危险吗？

零件生产企业 V 社的新任营业部部长内田正在浏览两家客户企业 X 社和 Y 社的财务报表。这两家都是 V 社的主要客户，每年的交易额都排在前五位，而且合作超过三十年。从损益表上来看，这两家企业的营业收入都比去年有所增长，利润也以营业利润为中心增长了许多。

两家企业唯一的区别在于借贷资金。

X 社几乎没有贷款，而且还持有大量的现金存款，而 Y 社则有很多的贷款，几乎没有现金存款。在 V 社的内部评估中，这两家企业都属于优良客户。从损益表上来看，两家企业的业绩都非常不错，内田本以为这两家企业都没什么借贷资金，没想到 Y 社的贷款有这么多。

如果从贷款的数额上来看，实际上处于无贷款状态的 X 社是安全性较高的企业，而 Y 社由于贷款数额巨大，安全性偏低，今后继续交易可能会出现问题。

对此放不下心来的内田又看了看 Y 社过去几年的财务报表，结果发现 Y 社的营业收入与利润一直保持着增长的势头，但也一直保持着高额的贷款。为什么 Y 社要保持这样的状态呢？心中充满疑惑的内田拿起电话，打算向前任营业部部长、现任宣传部部长的佐藤问个明白。

最优资本结构
——借贷资金的优点与缺点

"任何企业都应该以无借贷经营为目标",这句话说得对吗?

在做出判断之前,不妨先来思考一下**借贷资金的优点与缺点**。

借贷资金的缺点非常明显,那就是将来必须连本带利地偿还,如果**无力偿还的话企业就会破产**。

那么借贷资金的优点是什么呢?从金融的角度来说,支付利息具有节省税金的效果。

企业通过开展事业获取的利润,可以用来给股东分红、偿还贷款利息和缴纳税金。其中为企业真正提供资金的是股东和银行。站在这些实际投资者的立场上来说,他们希望增加自己获取的利润,减少缴纳的税金。而减少缴纳税金的方法之一,就是增加借贷资金的数量,通过支付更多的利息来减少利润。这种**通过支付利息来减少利润,实现节省税金的效果,就是借贷资金的优点**。

在借贷资金的缺点(借贷过多导致企业面临破产风险)和优点(通过支付利息来节省税金)之间保持平衡的资本结构,被称为**最优资本结构**(图表 2—22)。从这个角度来说,并不是无借贷经营就是最好的。

图表 2—22 在借贷资金的优点与缺点之间保持平衡

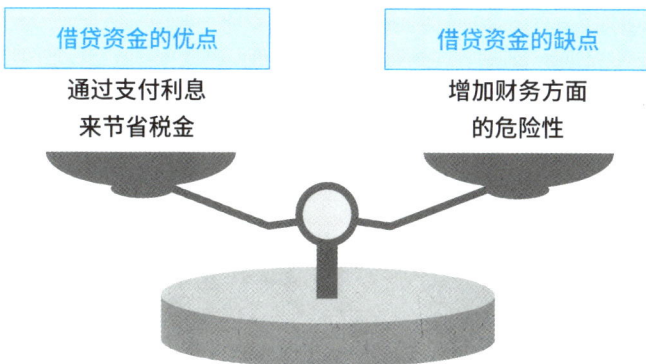

借贷资金的优点
通过支付利息
来节省税金

借贷资金的缺点
增加财务方面
的危险性

WACC 与借贷资金的关系
——多借钱就会使 WACC 下降吗？

如果借贷资金增加的话，WACC 会发生怎样的变化呢？

正如前文中提到过的那样，支付利息可以减少相应的税金，因此债务资本成本实际上是"利息 × （1 －税率）"，可以说成本非常低。

另一方面，因为股东投资承担一定的风险，所以股权资本成本在一般情况下会远远大于债务资本成本。

因此，借贷资金增加，意味着成本较低的债务资本所占的比重增加，WACC 会随之下降。但借贷资金的数量超过一定的程度，情况则会发生变化。因为当借贷资金增长到一定程度之后，会增加财务方面的危险性，导致借贷资金的利息迅速上涨。与此同时股东期待的盈利也因为财务风险的提升而提升。这就导致债务资本成本和股权资本成本全都会提升。

也就是说，从某个时间点开始，WACC 就会随着债务资本的增长而逐渐上升。

综上所述，随着借贷资金的增加，WACC 最初会逐渐下降，但当借贷资金增加到一定程度之后，WACC 又会开始逐渐上升，整体呈变化缓慢的 U 字形（图表 2—23）。

有人认为，应该将借贷资金的数量控制在使 WACC 的曲线达到最低点的程度。但一般情况下，借贷资金很容易超出预期数值，所以也有人认为应该从安全性的角度出发，将借贷资金控制在不会使财务出现风险的程度。

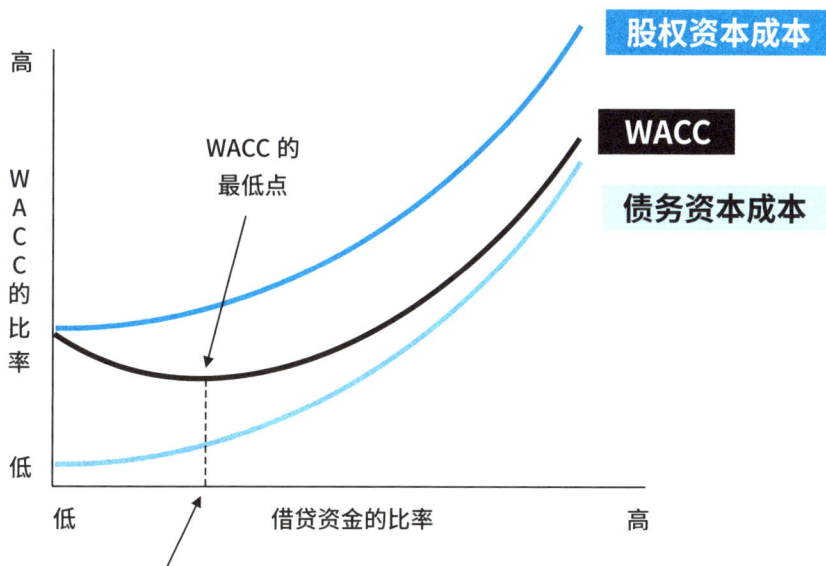

根据 WACC 的比率（最低点）思考最优资本结构

信用与借贷资金的关系
——对实务的启发

正如前文中提到过的那样，最优资本结构是在借贷资金的缺点（借贷资金过多导致企业面临破产风险）、优点（通过支付利息来节省税金）之间保持平衡的资本结构。但在实际的商业活动中，要想找出这个平衡点非常困难。因此，**有些企业选择以信用（偿还债务的能力）为基准思考最优资本结构的方法。**

首先设定企业想要保持的目标信用等级。虽然信用的最高评级为 AAA，但企业可以根据自身偿还债务的能力来改变目标水准。一般来说，拥有偿还能力的信用评级的下限是 BBB －，很多企业以此作为最低的目标，也有一些企业将 BBB 或 A 作为目标。

也就是说，**首先设定企业想要保持的目标信用等级，然后根据在这个信用等级范围内能够借贷的资金数量来决定最优资本结构。**

这是在确保安全性的前提下，最大程度利用债务资本的思考方法。

最优资本结构会根据
事业状况、行业以及行业排名改变

在不同的事业状况下，最优资本结构也会发生变化。

比如能够产生丰厚的利润、节省税金的效果明显，拥有价值稳定的资产，而且业绩稳定的事业，因为出现无法偿还借贷资金情况的危险性很低，所以保持一定程度的借贷资金也完全没有问题。比如铁路企业就是典型的例子。

无法产生丰厚的利润、节省税金的效果不明显，没有（或者很少）价值稳定的资产，业绩也不稳定的事业，因为出现无法偿还借贷资金情况的危险性很高，所以借贷资金越少越好。比如游戏行业中业绩不佳的企业就是典型的例子。

由此可见，企业应该根据自身的事业状况来选择适合自己的最优资本结构（图表 2—24）。

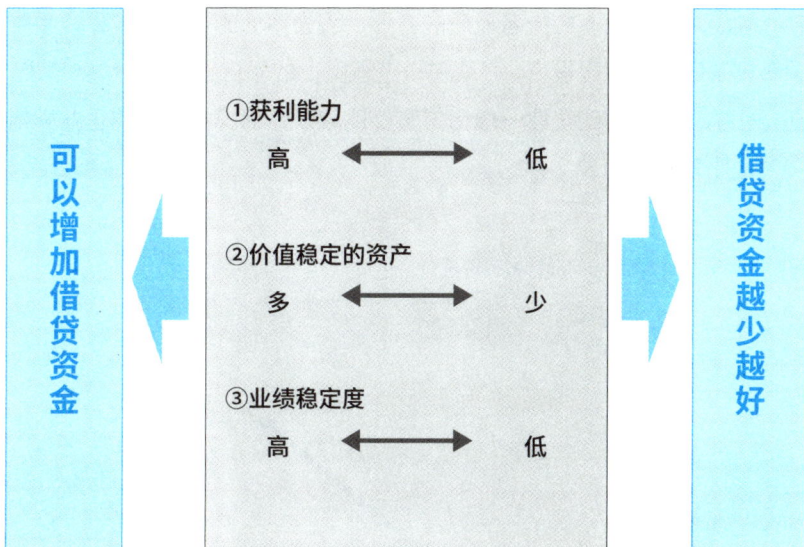

即便在相同的行业中，不同企业的资本结构也可能各不相同。根据优序融资理论（Pecking Order Theory），企业在进行投资时，应该按照①现有资金、②借贷资金、③增资的顺序来筹集资金。其中首先利用①现有资金这一点相信大家都没有疑问吧。之所以②借贷资金排在③增资之前，是因为它们具有节省税金这一优点，所以应该在一定程度上加以利用，此外还能避免增资引发的问题。

增资引发的问题，指的是企业的经营者与股东之间存在信息上的差异，经营者希望的发展方向可能与股东希望的发展方向不一致。增资虽然具有提高财务安全性的优点，但也可能出现上述的问题，以及因为股票数量增加导致平均每股的利润减少等缺点。

此外，在同行业中排名靠前的优良企业，因为事业的盈利比较多，手中持有的资金也十分充足，完全能够满足投资的需求，所以借贷资金就比较少。而在行业中排名靠后的企业，因为事业的盈利比较少，手中没有充足的资金用于投资，必须在一定程度上依赖借贷资金。也就是说，**在行业中排名靠前的企业一般借贷资金比较少，而排名靠后的企业则借贷资金比较多**（图表 2—25）。

图表 2—25　借贷资金与行业排名的关系

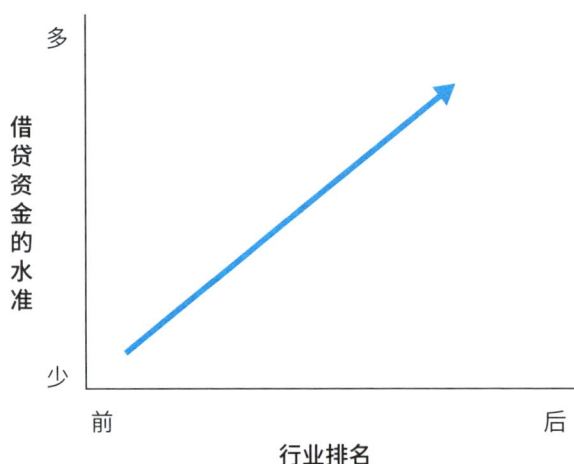

案 例

比较不动产、铁路、游戏行业的资本结构

让我们来对比一下拥有大量价值稳定的不动产，而且事业发展也比较稳定的不动产行业的三菱地所和三井不动产、铁路行业的小田急电铁和京成电铁，以及游戏行业的万代南梦宫和 DeNA 的负债股权比率。

不同行业之间负债股权比率的差异

（单位：百万日元）

	三菱地所	三井不动产	小田急电铁	京成电铁	万代南梦宫	DeNA
	2019 年 3 月期	2019 年 3 月期	2019 年 3 月期	2019 年 3 月期	2019 年 3 月期	2019 年 3 月期
借贷资金	2,315,003	2,906,608	701,444	318,232	0	0
股东权益 （净资产）	1,957,105	2,420,804	389,180	402,901	429,644	256,865
负债股权比率	118%	120%	180%	79%	0%	0%

注: 借贷资金包括短期有息负债、租赁债务、铁路与运输机构长期应付款等。
出处: 根据各企业的有价证券报告书及决算信息制作。

　　正如图表中所示，三菱地所和三井不动产的负债股权比率分别为 118% 和 120%，说明这两家企业都维持了一定程度的借贷资金。

　　铁路行业的两家企业小田急电铁和京成电铁的负债股权比率分别为 180% 和 79%。

　　小田急电铁的比率相对较高。但考虑到其开展的是以铁路为中心的运输事业、不动产、百货商店和超市等流通事业，拥有大量价值稳定的不动产，所以这么高的负债股权比率也没什么问题。

　　而京成电铁的比率则相对较低。这是因为京成电铁开展的事业中有一部分属于几乎没有不动产的建筑事业，而且与持续进行设备投资的小田急电铁相比，京急电铁的设备投资较少。

游戏行业的万代南梦宫和 DeNA 都处于无借贷资金的状态。因为这两家企业开展的都是高风险高回报的游戏事业，所以基本不会依赖借贷资金。

综上所述，不同事业的资本结构各不相同。

无借贷经营不一定是最优解

内田在听完宣传部部长佐藤的说明之后，明白了无借贷未必是好事。从金融的角度来考虑的话，借贷资金比较多的 Y 社可能是想通过支付利息来减少利润，实现节省税金的效果。

而没有借贷资金的 X 社则没有合理地节省税金。

但 X 社和 Y 社所在的行业，最近因为受全球化的影响，业绩经常出现大幅波动。如果从这个角度来进行分析的话，借贷资金比较少的 X 社安全性更高。

"今后再看客户企业的财务报表时，应该从多个角度进行分析"，内田心里这样想道。

总 结

▶ 借贷资金的缺点是将来必须连本带利地偿还，如果无力偿还的话企业就会破产。优点是支付利息具有节省税金的效果，能够给股东和银行提供更多的利益。

▶ 最优资本结构是在借贷资金的缺点（借贷资金过多导致企业面临破产风险）和优点（通过支付利息来节省税金）之间保持平衡的资本结构。

▶ 随着借贷资金的增加，WACC 最初会逐渐下降，但当借贷资金增加到一定程度之后，WACC 又会开始逐渐上升，整体呈变化缓慢的 U 字形。

▶ 在实际的商业活动中，有些企业会首先设定想要保持的目标信用等级，然后根据在这个信用等级范围内能够借贷的资金数量来决定最优资本结构。

▶ 不同事业状况的最优资本结构各不相同。能够产生丰厚的利润、节省税金的效果明显、拥有价值稳定的资产，而且业绩稳定的事业，保持一定程度的借贷资金也完全没有问题。反之则借贷资金越少越好。

▶ 根据优序融资理论（Pecking Order Theory），企业在进行投资时，应该按照①现有资金、②借贷资金、③增资的顺序来筹集资金。在同行业中排名越靠前的优良企业，事业的盈利越多，对借贷资金的依赖程度越低。

6 分红和回购股票，应该如何选择？

回购股票也是对股东的回报吗？

在某 IT 企业担任人事部部长的宫本看到报纸上刊登了竞争对手 X 社的文章。X 社因为今年的利润提升了不少，宣布增加分红和大量回购股票。X 社在一年前展开的 IT 服务事业发展非常顺利，所以利润提升也在意料中。将多出来的利润用于给股东分红也没什么问题。

但 X 社为什么要大量回购股票呢？对于股东来说，更期待的应该是增加分红才对吧。宫本从两年前也开始做股票投资，每年两次的分红能够让他赚到一些零花钱，所以他感觉分红对股东来说是非常重要的。

而回购股票则很难让股东直观地感到有任何好处。尽管宫本也在一些商业杂志上了解到，回购股票也是企业回报股东的方法，但这究竟是如何体现出来的呢？只增加很少的分红却大量回购股票，企业这样做的理由是什么呢？分红和回购股票分别有怎样的意义，实际执行的时候应该根据怎样的基准来判断呢？为了解开心中的疑问，宫本约了和自己同期入职、如今担任财务部部长的北川一起吃午饭，届时再向他请教。

巴菲特为什么希望
企业回购股票?

分红和回购股票都是企业将利润回报给股东的方法。

分红,原则上说,是根据所有股东手中的股票数量,将利润平均分配到每一股。

回购股票,是企业利用过去积攒下来的利润从市场上购买自家的股票。在这种情况下,只有选择出售股票的股东才能获得资金(收益)。

也就是说,分红和回购股票最大的区别就在于,前者所有股东全都受益,后者只有出售股票的股东才能获得收益。

如果将所有的股东看作是一个整体(股东集团),分红和回购股票作为企业向股东集团进行利润回报的方法,两者的作用是相同的。

如果站在投资者的角度进行分析,分红和回购股票哪一个更好呢?

一般来说,希望定期获得现金收益的个人投资者更倾向于分红,而专业的投资者和长线投资者则更倾向于回购股票。

因为专业的投资者和长线投资者一般都持有大量的股票,每次获得分红时都需要支付税金。而如果企业回购股票的话,只要不卖出股票就不必支付税金,相当于不必将投资换成现金就直接进行了二次投资,将来可能会赚取更多的利润。

即便将来出售股票的时候需要支付相应的税金,但因为是将来产生的现金流,变换为现值的话也相当于节省很多资金。

股神巴菲特就曾经坦言,与分红相比他更希望企业回购股票,而他麾下的投资旗舰公司——伯克希尔·哈撒韦公司从 1967 年之后就再也没有进行过现金分红。

关于这一点也有人持不同的看法。因为分红作为维持公司股价的手段,对经营者来说有强制性的压力。与之相比,回购股票则是经营者自发的行为，没有强制性的压力。因此，从激励（鞭策）经营者的角度来说，应该提高分红所占的比重。

分红是以利润为基础
对股东进行回报

关于分红的方法，并没有一个固定的基准。接下来我将为大家介绍几个比较有代表性的基准。

第一个是**股利支付率**。这是以分红金额除以当期净利润的比率作为基准的方法。具体的计算方法如下：

$$股利支付率 = \frac{分红金额}{（归属母公司股东的）合并当期净利润}$$

日本大型企业的股利支付率平均在 30% ～ 40%，欧美大型企业平均在 40% ～ 50%。小松、京瓷、本田技研工业等企业都以股利支付率为基准设定分红方针。

在 2019 年 3 月期，小松设定了"将股利支付率维持在 30% 以上，只要不超过 50% 就不减少分红"的方针。京瓷则设定了"将合并股利支付率维持在 40% 的水准"的方针。本田技研工业设定的是"将股利支付率设定为 30%"的方针。

第二个是**总回报比率**。这是用分红金额加上回购股票的金额之后，再除以当期净利润的比率作为基准的方法。具体的计算方法如下：

$$总回报比率 = \frac{（分红金额 + 回购股票的金额）}{（归属母公司股东的）合并当期净利润}$$

总回报比率因为在分子中加入了回购股票的金额，所以与股利支付率相比更高。但因为回购股票只在一定期间内进行，所以用总回报比率作为基准的时候，需要按照一定期间来计算。

亚瑟士、JR 东日本等企业都以总回报比率为基准设定分红方针。

亚瑟士拥有 54.7% 的净资产比率，处于实际无借贷资金的状态，所以在 2018 年 12 月期设定了"从 2017 年度到 2020 年度的 4 年内，以 50% 的总回报比率为目标，根据股价水平和市场环境等因素，灵活回购股票"的方针。

JR 东日本在业绩稳定的前提下，于 2019 年 3 月期设定了"中长期以股利支付率 30%（总回报比率 40%）为目标，稳定增加分红"的方针。

第三个是 DOE（Dividend On Equity Ratio）。翻译过来叫作股本回报率或自有资本回报率。具体的计算方法如下：

$$DOE = \frac{分红金额}{自有资本}$$

DOE 可以分解为股利支付率乘以 ROE。

$$DOE = \frac{分红金额}{自有资本}$$

$$= \frac{分红金额}{归属母公司股东的当期净利润} \times \frac{归属母公司股东的当期净利润}{自有资本}$$

$$= 股利支付率 \times ROE$$

作为包含了两方面因素的综合指标，DOE 受到许多企业的重视。日本企业平均的股利支付率在 30% ~ 40%，ROE 为 10%，因此日本企业的平均 DOE 为 3% ~ 4%。

大金、欧姆龙等企业都以 DOE 为基准设定分红方针。

以空调设备的生产、销售为主的大金业绩一直稳步提升，在 2019 年 3 月期设定了"综合考虑合并净资产分红率、合并股利支付率、合并业绩、资金需求等因素，进行稳定的分红"的方针，将 DOE 作为合并净资产分红率来使用。

欧姆龙也在 2019 年 3 月期设定了"以合并业绩与股利支付率和 DOE 为基准，进行稳定且持续的股东回报。在 2017 年度—2020 年度的中期经营计划期间，以股利支付率 30% 和 DOE3% 为目标，努力进行利润返还"的方针，并提出了具体的 DOE 数值目标。

如果将机构投资者和个人投资者进行对比。

机构投资者重视股利支付率和总回报比率，个人投资者重视分红率和股息收益。

绝大多数企业是以利润为基准进行分红，这是因为利润最能够反映出企业每年的业绩情况。

影响分红水准的
成长阶段与财务状况

分红水准可能因企业所处的成长阶段以及财务状况而有所不同。

一般来说，处于成长期的企业需要大量的资金用于投资，所以经常会不进行分红或者只进行少量的分红。

亚马逊从成立一直到 2018 年 12 月期都没有进行过分红，因为亚马逊将资金全部用于收购和设备投资，这说明亚马逊仍然处于成长期。反之，处于稳定期的企业因为很少进行巨额的投资，所以经常会将富余的资金用于分红。

从财务状况的角度来说，在借贷资金比较多、资金没有富余的情况下，企业就不会进行分红，或者只进行少量分红。

因为在这种情况下，必须先偿还借贷资金，将财务的安全性保证在一定的范围之内。

事实上，2016 年 8 月在鸿海集团的出资下才终于摆脱经营危机的夏普，因为没有足够的资金，在 2017 年 3 月期就没有进行分红。到了 2018 年 3 月期的时候，因为净资产比率处于 21.0% 的低位，所以每股只分红了 10 日元，将股利支付率控制在 9.4%，优先加强财务安全和保证事业投资的资金。2019 年 3 月期，分红金额增长到每股 20 日元，即便如此，股利支付率也仍然只有 17.1%。

在业绩恶化和赤字的情况下，仍然进行分红的原因

在当期净利润出现大幅减少甚至赤字的情况下，应该如何设定分红方针呢？

因为绝大多数的企业都会以股利支付率和总回报比率作为分红的基

准，所以在当期净利润大幅减少甚至赤字的情况下，应该大幅减少分红金额，甚至不进行分红。

但是，降低分红水准可能会对股价造成影响：**大幅减少分红或不进行分红，可能会使投资者对企业未来的业绩丧失信心，导致股价大幅下跌。**

因此应该在充分分析造成赤字的原因之后，仔细地思考分红的方针（图表 2—26）。

如果造成赤字的原因是核心事业的业绩不佳，而且长期持续的借贷资金过多、财务的安全性太低，那就不得不减少分红，甚至不进行分红。

如果**造成赤字的原因是对个别事业的调理所导致的特别损失，除此之外的事业都处于正常的状态，那么就应该维持原有的分红水准，甚至增加分红。**

此外，**在有形固定资产和商誉出现减值导致业绩恶化的情况下，如果除此之外的事业都处于正常的状态，也应该维持原有的分红水准。**

因为减值可能不会对现金流产生影响，而分红是用现金支付的，所以**设定分红方针时，可以将现金流作为基准。**比如在出现巨额减值但对现金流没有影响的情况下，虽然利润出现赤字但现金流本身没有减少，可以将经营活动的现金流的一定比率设定为分红的基准。

图表 2—26　决定分红的关键因素

①　与分红方针的一致性

②　与业绩的关系

利润情况
　思考与股利支付率目标的一致性。出现赤字就要减少分红吗？
现金流情况
　在现金流匮乏的情况下，可以考虑减少分红。

③　成长性

稳定期进行分红。
成长期优先进行投资，可以不进行分红。

在借贷资金较多、信用评级较低的情况下，应该优先加强财务安全性，减少分红。

分红情况能够反映出企业未来的发展趋势。
一般来说，增加分红会使股价上涨，减少分红则会使股价下降。

在事业稳定的情况下，增加分红。在事业不稳定的情况下，减少分红。

分红要在允许（盈余资金）的范围内进行。

京瓷在 2018 年 3 月期的时候，因为与太阳能事业相关的硅原材料的长期采购合同的特种基金被核算到资产负债表中，所以出现了 501.65 亿日元的损失，导致整体收益减少。但因为这种损失是暂时性的，而且扣除这项损失之后的整体收益处于增长的状态，所以京瓷决定将分红金额从上一年度的每股 110 日元（股利支付率 38.9%）增加到 120 日元（股利支付率 53.9%）。

由此可见，即便在业绩恶化甚至出现赤字的情况下，也可以根据实际的情况，做出维持分红，甚至增加分红的选择。

分红的增减会影响股价

分红金额的增减会对股价产生影响。

绝大多数的经营者都希望维持当前的分红水准。如果经营者提出了增加分红的方针，说明经营者希望今后的分红也维持在增加以后的水准。

也就是说，如果经营者对未来维持更高的业绩没有信心的话，就不会轻易增加分红，所以在投资者看来，增加分红意味着经营者对未来的业绩有信心，这会吸引更多的投资者购买该企业的股票，使得股票的价格上涨。

反之，如果减少分红，说明经营者对未来的发展没有信心，投资者也会抛售手中的股票，使得股票的价格下跌。

这种由于分红的增减对股价产生影响的情况被称为**公告效应**。

回购股票使股价上涨的原因

回购股票也会对股票的价格造成影响，具体来说，回购股票能够使股票的价格上涨。理由主要有以下四个：

第一，企业回购股票，说明对企业最为了解的经营者认为当时的股价比理论股价的价格更低。这就相当于企业发出了"股价过低"的信息，属于一种公告效应。

第二，平均每股的利润有上涨的可能性。当企业回购股票之后，市场上流通的股票数量就会减少。虽然企业用现金和现金存款回购股票会损失利息，但一般情况下利息的金额很少，与减少的利息相比，市场上流通的股票数量减少得更多，这就会使得每股收益上涨。也就是说，平均每股的价值上涨，价格也很有可能随之上涨。

第三，ROE 可能会上涨。让我们先回忆一下 ROE 的计算方法：

$$ROE = \frac{当期净利润}{自有资本}$$

回购股票，属于企业将资金返还股东，因此需要从分母的自有资本中减去用于回购股票的金额。而作为分子的当期净利润只需要减掉用现金和现金存款回购股票导致损失利息的金额。因为一般情况下利息的金额很少，与作为分子的当期净利润减少的部分相比，作为分母的自有资本减少的部分要多得多，所以 ROE 很有可能会提升。

第四，企业回购股票会产生买进压力使股票的价格上涨。

在上述四个理由中，对股价影响最大的是第一个。

从企业的角度来说，与回购股票正好相反的增资，一般会导致股价下跌。

通过增资来筹集资金，会使原本就存在的经营者与股东之间的信息不对称更加严重，而且股票数量的增加还会稀释股东权益。增资的资金如果不能立即产生利润，可能会导致平均每股的利润和 ROE 等下降。这些因素都会导致股票的价格下跌。

因此，除了处于成长期和稳定期的企业为了大规模投资的需要而筹集资金，或者陷入危机状况的企业为了度过危机而筹集资金之外，很少有企业会进行增资。

分红和回购股票，
应该选哪一个？

首先让我们来整理一下分红和回购股票之间的差异（图表 2—27）：

第一个是与**流通股票数量**之间的关系。分红不会对流通股票数量造成影响，而回购会减少相应数量的股票。

第二个是与**股票价格**之间的关系。不管股价高低都可以进行分红，但回购原则上应该在实际股价低于理论股价的时候进行。

第三个是**对股价的影响**。增加分红会使股价上涨，减少分红则会使股价降低。而回购股票一般都会使股价上涨。

第四个是**灵活性**。投资者普遍希望分红能够稳定且持续地进行，所以对灵活性没有要求。而回购股票则需要根据企业自身资金的富余程度和股票的价格来灵活地实施。

第五个是**股东是否能够收到现金**。分红的话，股东能够直接拿到现金。而回购股票的话，只有卖出股票的股东才能拿到现金，没有卖出股票的股东即便股票的价格上涨也不能拿到现金。

第六个是**股东是否需要缴纳税金**。分红的话，股东需要根据自己获得的金额缴纳相应的税金。而回购股票的话，只有卖出股票并因此获益的股东才需要缴纳税金，没有卖出股票的股东即便股票的价格上涨也不需要缴纳税金。

第七个是**受益者的范围**。分红的话，只有在分红时持有股票的人才

能够受益。而回购股票的话，除了当时持有股票的股东之外，持有新股
预约权等潜在的股东也能够受益。

图表 2—27　分红与回购股票之间的差异

分红	回购股票
流通股票数量没有变化	流通股票数量减少
与股价的高低没有关系	应该在股价较低的时候进行
增加分红会使股价上涨	使股价上涨
需要稳定且持续	可以根据实际情况灵活实施
股东能够拿到现金	只有卖出股票的股东才能拿到现金
股东需要缴纳税金	不卖出股票就不需要缴纳税金
只有股东才能受益	潜在的股东也能受益

　　综上所述，分红和回购股票之间存在着许多的差异。在进行分红和
回购股票时，需要综合考虑到上述的因素，以企业的财务稳定性、所处
的成长阶段、股利支付率和现金流的水准等为基础来进行思考。

三菱商事在赤字时的分红方针
（2016 年 3 月期）

三菱商事 2016 年 3 月期的财报显示：由于石油价格下跌导致收益减少，以及固定资产减值和权益法投资损失被核算等原因，使得归属股东的当期净利润出现了 1,494 亿日元的亏损，与上一年度 4,006 亿日元盈利的黑字相比出现了大幅下降。

三菱商事的合并财务报表（以 IFRS 为基础）

（单位：亿日元）

	2014 年 3 月期	2015 年 3 月期	2016 年 3 月期
营业收入	76,352	76,695	69,256
营业利润	11,860	12,099	10.989
当期净利润	3,614	4,006	− 1,494

	2014 年 3 月期	2015 年 3 月期	2016 年 3 月期
(归属股东的) 每股分红金额（日元）	68	70	50

出处：根据有价证券报告书制作。

但三菱商事在这一年度仍然进行了每股 50 日元的分红，与上一年度每股 70 日元（其中包括成立 60 周年的纪念分红 10 日元，所以实际上是 60 日元）相比稍低。

这是因为当时三菱商事采用的是：不管外界环境发生怎样的变化都保证一定程度以上分红的方针。具体来说，"从 2014 年 3 月期开始的 3 年间，不管每年的利润如何，都保证最低每股 50 日元的分红。然后将每年合并净利润中超出 3,500 亿日元的部分作为原始资金，根据股利支付率 30% 来进行分红"。

虽然在出现大幅亏损导致赤字的情况下，应该重新调整分红方针，大幅降低分红金额。但考虑到能源市场环境恶化很有可能是临时性的，所以三菱商事在综合考虑了投资资金的需求情况等因素之后还是决定维持之前的分红方针。

由此可见，即便在业绩严重下降和出现赤字的情况下，也应该根据实际的情况做出维持分红，或者稍微减少分红金额的选择。

附带一提，三菱商事从 2017 年 3 月期又提出了未来 3 年"以分红为基础，根据持续的利润增长增加分红"的股东回报方针。

后话

X 社为什么选择回购股票，而不是分红？

宫本听完财务部部长北川的解释之后，逐渐搞清楚了报纸上那篇文章的背景。具体来说，X 社之所以在业绩非常好的情况下只增加了少量的分红，是为了表示自己对未来的业绩很有信心，希望在中长期的时间里持续且稳定地进行分红，大量回购股票则是因为 X 社拥有富余资金，而且认为实际股价比理论股价更低。此外，回购股票还具有进一步抬升股价的效果。

分红和回购股票能够反映出企业经营层的想法和企业的方针政策。认识到这一点之后，宫本决定今后也要多关注一些企业的股东回报方针了。

总 结

▶ 分红和回购股票都是企业将利润回报给股东的方法。

▶ 分红的基准有股利支付率、总回报比率和 DOE。

▶ 股利支付率是分红与当期净利润之间的比率，日本的大型企业普遍为 30% ～ 40%，欧美的大型企业普遍为 40% ～ 50%。

▶ 总回报比率是分红和回购股票的金额的合计与当期净利润之间的比率，因为在分子中包含了回购股票的金额，所以比股利支付率稍高。

▶ DOE 是分红金额与自有资本之间的比率，日本的大型企业普遍在 3% ～ 4% 左右。

▶ 分红的水准与企业的财务安全性和成长阶段也有关系，在财务安全性较低的情况下，最好不进行分红或者少量分红，处于成长期和衰退期的企业，也会减少分红。

▶ 即便业绩恶化或者出现赤字，如果只是暂时的原因或者减值损失，或者对现金流没有造成影响的话，也可以选择维持原有的分红水准。

▶ 变更分红水准能够反映出经营者对未来经营业绩的信心程度，一般情况下，增加分红会使股价上涨，减少分红则会使股价降低。

▶ 回购股票一般情况下会使股价上涨。因为企业回购股票会出现相当于宣布实际股价比理论股价更低的公告效应，使每股的利润和

ROE 出现上涨，以及产生买进压力等。反之，增资往往会使股价下降。

▶ 分红和回购股票之间，在股票流通数量、与股价的关系、对股价的影响、灵活性、是否能够收到现金、是否需要缴纳税金、受益者的范围等方面都存在差异。一般情况下，企业应该根据自身的状况适当地进行分红，或灵活地回购股票。

7 评估收购金额

收购金额是怎么算出来的？

电子零件生产企业 D 社的经营企划部部长杉浦，最近因为收购 Z 社的案子，跟投资银行的人反复开了好几次会。

Z 社是一家总部位于美国、在亚洲的多个新兴国家拥有分部的电子企业，过去十年来发展迅速。D 社与 Z 社之前进行过几次交易，因为两个月之前，Z 社提出与 D 社展开包括收购在内的资本合作的请求，于是 D 社聘请了投资银行的顾问对此事进行商讨。Z 社的产品群以及在新兴国家的销售网络对于 D 社的事业来说有很强的互补性，所以两家企业合作可以说是非常理想的组合。

在今天的会议上，投资银行的顾问根据之前的调查结果，针对 Z 社的收购金额制作了一份评估报告，并且对其做了详细的说明。

顾问通过 DCF 法、EBITDA 倍率法、PER 法等许多种方法对评估的结果做了说明。杉浦在听取说明的过程中，对这几种方法也有了一定程度的理解。但他之前一直在海外工作，三个月前才回到日本担任经营企划部部长，所以对这些评估方法的关键点和注意事项并不是很清楚。

于是他给自己的老朋友，如今在某大型银行的收购部门担任总负责人的山田打了个电话，向他请教评估收购价格时的关键点和注意事项。

评估收购金额的三种方法

评估收购金额的方法中比较有代表性的是资产负债表法、市场法和收益法。

第一个是**资产负债表法，顾名思义就是以资产负债表为基础的评估方法**。其中又以 NAV（Net Asset Value：净资产价值）法最具代表性。这个方法是以当前时间点的价值为基准，用资产负债表中的全部资产减去全部负债，然后计算出收购金额的方法。

简单说，**NAV 法就是假设在当前时间点上将所有的资产卖出，并且将所有的负债偿清，通过最后剩余的价值来评估收购金额的方法。**

第二个是**市场法**，是以同行业上市企业的利润和现金流与股价之间的倍率为基础，按照同样的比率对目标企业的收购金额进行评估的方法。

简单说，**市场法就是以股价的市场行情为基础进行评估，比较有代表性的方法有 PER 法、EBITDA 倍率法等。**

第三个是**收益法**，是以企业将来的利润为基础进行评估的方法。

比较有代表性的方法是将企业未来产生的现金流转变为现值进行评估的 DCF 法。

在实际应用时比较常用的是市场法和收益法。而资产负债表法则几乎不怎么使用。

这是因为在对企业的价值进行评估时很少会以清算作为前提。不过像铁路企业和不动产企业这样拥有大量土地和建筑物的企业，清算时的价值也会作为评估的参考，所以在对这类企业的价值进行评估时会采用资产负债表法。

在后两种方法中，**理论上最合适的方法是 DCF（Discounted Cash Flow：现金流贴现）法**。因为 DCF 法以企业未来的业绩发展为基础，直接对目标企业进行评估。

市场法是以同行业其他企业的股价为基础，间接地对目标企业进行评估的方法，与之相比，直接对企业进行评估的 DCF 法更加合适。

不过在实际应用当中，经常会同时使用 DCF 法和市场法，根据这两个方法综合评估的结果来决定收购金额。

市场法的关键在于
选择合适的对比企业

市场法中最有代表性的方法是 PER 法和 EBITDA 倍率法。正如第一章中介绍过的那样，PER（市盈率）法是根据相似企业的 PER 来评估目标企业理论股价的方法。而 EBITDA 倍率法则是根据相似企业的 EBITDA 倍率来评估目标企业理论股价的方法。

上述两种方法的关键都在于选择合适的"对比企业"。相似企业指的是在事业内容、规模大小、成长阶段、海外事业展开状况等综合因素上全部相似的企业。

如果在选择对比企业的时候只挑选那些股价和总市值高的企业，那么计算出来的理论股价就会偏高；反之，如果只挑选那些股价和总市值低的企业，计算出来的理论股价就会偏低。也就是说，**通过有目的性地选择对比企业，能够操控市场法的评估金额**。

所以在用市场法进行评估时，必须仔细地检查所选的对比企业是否合适。

DCF 法要分别就"事业资产"与"非事业资产"进行评估

DCF 法是将企业未来预计产生的现金流转变为现值,借以评估企业价值的一种方法。

这种方法将企业价值分为事业资产价值与非事业资产价值两部分进行评估。

首先来看**事业资产价值**。

具体来说就是先预测企业因开展事业产生的未来现金流,再将其转变为现值后进行评估(图表 2—28)。

事业资产价值包括未来 7 ～ 10 年期间现金流的现值和最终年度之后的剩余价值两部分。在计算剩余价值的时候有以下三种方法:

①假设事业清算时的价值
②假设事业卖出时的价值
③假设事业存续时的价值

一般是以③为前提进行计算。

图表 2—28　用 DCF 法计算企业价值与股东价值——计算事业资产价值

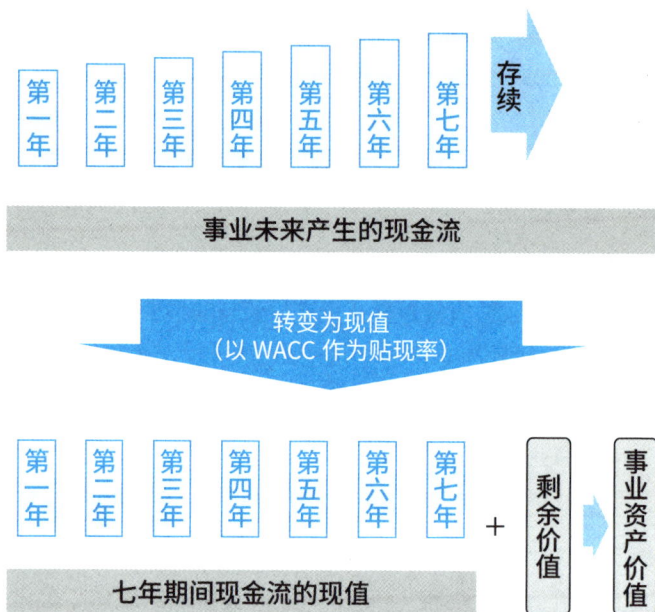

第二个是与**非事业资产价值**。非事业资产指的是事业当前没有使用，今后也不会使用的闲置资产。这些资产不管有还是没有都不会影响事业的运作。

虽然这些闲置资产对事业没有影响，但在评估企业价值的时候还是要把这部分资产的价值加进去。计算非事业资产价值的方法也非常简单，只需要根据当前时间点这些资产的出售价格进行评估即可。

事业资产价值与非事业资产价值的合计，就是企业价值。

那么，这个企业价值是属于谁的呢？一般情况下，为企业提供资金的银行等债权人和股东共同出资运营企业，所以债权人和股东共同拥有企业价值。

当企业破产的时候，债权人享有资产的优先求偿权，所以计算股东价值需要从企业价值中减去债权人拥有的价值。

由于债权人拥有的价值就是当前时间点企业贷款和公司债券的金额。因此股东价值就是企业价值减去贷款和公司债券之后的价值（图表2—29）。

根据上述前提计算出来的股东价值，就是理论上总市值的基础。

图表 2—29　DCF 法计算企业价值与股东价值

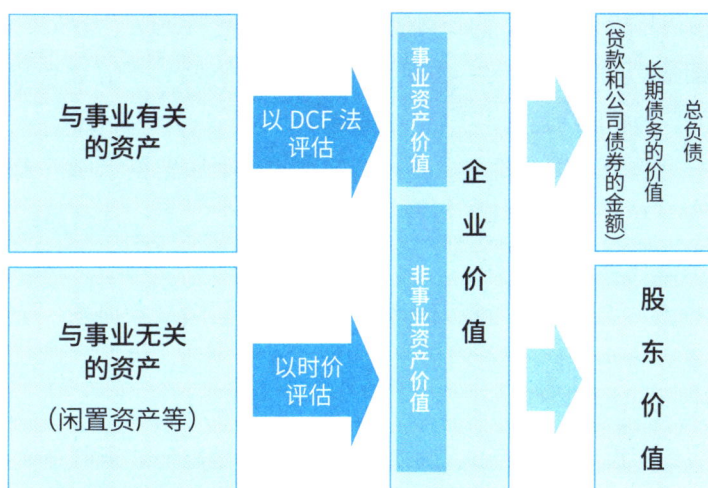

利用 DCF 法进行评估时
需要注意的问题

利用 DCF 法对收购金额进行评估时，有几点必须注意。这跟评估时设定的前提条件有关。

具体来说，这些前提条件有：自由现金流的预测、以 WACC 设定的贴现率，以及计算剩余价值这三点。

首先是**预测自由现金流**。与现金流相关的营业收入、营业成本、营业费用和一般管理费、营业利润都有可能出现巨大的变化，这些变化会导致预测现金流也发生巨大的变化。

因此，审视预测的结果时，必须注意：预测结果与过去的实际情况相比是否合理，与今后的市场和事业发展情况是否相符，与行业的整体状况是否吻合。尤其是与过去的实际情况、同行业其他企业的情况，以及市场发展情况相比，**数字过于乐观的情况下，必须仔细确认预测结果的合理性**。

接着是**确认 WACC 的计算是否合理**。因为以 WACC 为基础的贴现率的细微差异都可能导致自由现金流的现值出现变化。自由现金流产生的时间点距离现在越远，现值的差异越大。

最后是**计算剩余价值**。不同的前提也会导致结果出现巨大的变化。尤其是以事业存续为前提计算剩余价值时，**必须注意最终年度自由现金流的金额**。如果因为某种原因使最终年度剩余了过多的自由现金流，那么以此为基础计算出来的剩余价值就会很多。在这个时候需要将剩余价值与之前年度的数字进行比较，确认是否存在不合理的地方。

最终年度之后的自由现金流的增长率也是需要注意的重点。如果以持续的高增长率作为前提，最后的评估金额就会非常高。根据事业领域、事业展开的地区、经济增长率等条件设定合理的增长率至关重要。

在实际应用中，为了避免事业存续前提下计算出的剩余价值过高，可以根据最终年度的预测利润和现金流，通过 PER 法和 EBITDA 倍率法计算出将股票全部卖出之后的金额，并将其设定为剩余价值的上限。

利用 DCF 法寻找
提高企业价值与股东价值的办法

因为股东价值是以企业价值为基础的，所以要想提高股东价值，首先要提高企业价值。正如前文中提到过的那样，评估企业价值理论上最合适的方法就是 DCF 法。那么接下来就让我们通过 DCF 法来思考如何提高企业价值。

企业价值是事业资产价值与非事业资产价值的合计。其中事业资产价值是将未来的自由现金流转变为现值之后计算得出的。

也就是说，为了提高企业价值，企业要通过对事业进行调整，使其能够尽量多且尽量早地产生自由现金流。

与此同时，为了使未来的自由现金流在转变为现值时不会减少太多，最好尽可能地降低作为贴现率基础的 WACC。

具体来说，为了尽量多且尽量早地产生自由现金流，就必须更多更快地产生营业利润，这就需要仔细设计商业模式。与此同时，还要合理避税、提高设备投资的效率、缩短应收账款回款周期，以及压缩存货来减少营运资本等。

为了降低作为贴现率基础的 WACC，可以最大限度地利用借贷资金的利息来节省税金。此外，为了获得银行和股东等资金提供者的信赖，还要及时且准确地公布企业信息。

关于非事业资产价值，可以考虑将其充分地利用起来或出售。

上述方法都是在实际的商业活动中很常用的方法。也就是说，只要脚踏实地地开展事业，就能够有效提高企业价值与股东价值。

利用 DCF 法计算企业价值与股东价值

让我们利用 DCF 法计算一下 Q 社的企业价值与股东价值吧。计算的前提条件如下：

① Q 社的事业计划

Q 社的事业计划如图表 2—30 所示。法人税等实际税率为 30%。

② 设备投资计划

Q 社计划每年都进行设备投资。

③ 营运资本

根据普遍的交易条件和过去的实际情况，应收债权为每年的营业收入乘以 0.096，存货资产为每年的营业成本乘以 0.108，应付债务为每年的营业成本乘以 0.120。

④ 贴现率

根据 Q 社的 WACC 设定的贴现率为 5.0%。

⑤ 剩余价值

假设 XXX8 年以后成长停止，进行与折旧费等额的设备投资，营运资本也不增加。在这种情况下，NOPAT（税后净营业利润）与自由现金流等额，而自由现金流以每年 0.5%（和 GDP 增长率相同）的增幅持续增长。

⑥ 闲置资产

在 XXX0 年末的时间点上，非事业资产价值为时价 500,000 千日元的土地和有价证券。

⑦ **当前的贷款和公司债券**

在 XXX0 年末的时间点上，贷款和公司债券的合计金额为 1,520,000 千日元。

⑧ **评估时间点**

XXX0 年末。

图表 2—30　Q社的企业价值与股东价值的计算示例

(单位：千日元)

	XXX1	XXX2	XXX3	XXX4	XXX5	XXX6	XXX7
营业收入	6,300,000	6,552,000	6,814,080	7,086,643	7,370,109	7,664,913	7,971,510
营业成本	4,536,000	4,717,440	4,906,138	5,102,383	5,306,478	5,518,738	5,739,487
营业毛利	1,764,000	1,834,560	1,907,942	1,984,260	2,063,630	2,146,176	2,232,023
营业费用和一般管理费							
人工成本	580,000	610,000	630,000	650,000	670,000	690,000	710,000
促销费用	252,000	262,080	272,563	283,466	294,804	306,597	318,860
折旧费	80,000	85,000	90,000	90,000	91,000	92,000	92,000
其他	275,000	282,000	305,000	325,000	345,000	375,000	405,000
合计	1,187,000	1,239,080	1,297,563	1,348,466	1,400,804	1,463,597	1,525,860
营业利润	577,000	595,480	610,379	635,794	662,826	682,579	706,162

Q社的设备投资计划

(单位：千日元)

	XXX1	XXX2	XXX3	XXX4	XXX5	XXX6	XXX7
计划投资金额	90,000	100,000	90,000	90,000	95,000	90,000	90,000

Q社的营运资本变化

(单位：千日元)

	XXX0	XXX1	XXX2	XXX3	XXX4	XXX5	XXX6	XXX7
应收债权（+）	566,000	604,800	628,992	654,152	680,318	707,530	735,832	765,265
存货资产（+）	465,100	489,888	509,484	529,863	551,057	573,100	596,024	619,865
应付债务（−）	513,540	544,320	566,093	588,737	612,286	636,777	662,249	688,738
净营运资本	517,560	550,368	572,383	595,278	619,089	643,853	669,607	696,391
营运资本增加额		32,808	22,015	22,895	23,811	27,764	25,754	26,784

注：因为四舍五入舍入的关系，最终计算的结果会有细微的差异。

Q社自由现金流和企业价值、股东价值的计算表

（单位：千日元）

	XXX1	XXX2	XXX3	XXX4	XXX5	XXX6	XXX7	合计
营业利润	577,000	595,480	610,379	635,794	662,826	682,579	706,162	
法人税等（30%）	173,100	178,644	183,114	190,738	198,848	204,774	211,849	
NOPAT	403,900	416,836	427,265	445,056	463,978	477,805	494,314	
折旧费（+）	80,000	85,000	90,000	90,000	91,000	92,000	92,000	
设备投资额（-）	90,000	100,000	90,000	90,000	95,000	90,000	90,000	
营运资本增加额（-）	32,808	22,015	22,895	23,811	24,764	25,754	26,784	
自由现金流	361,092	379,821	404,370	421,245	435,215	454,051	469,529	
现价系数	0.952	0.907	0.864	0.823	0.784	0.746	0.711	

（续表）

项目								合计	
自由现金流的现值	343,897	344,509	349,310	346,559	341,002	338,820	333,686	2,397,784	①
剩余价值（+）								7,845,688	②
事业资产价值合计								10,243,472	③＝①＋②
非事业资产价值（+）								500,000	④
企业价值								10,743,472	⑤＝③＋④
贷款和公司债券（-）								1,520,000	⑥
股东价值（理论总市值）								9,223,472	⑤-⑥

贴现率	5.0%
XXX8 年以后的增长率	0.5%
XXX1 年到 XXX7 年的年营业收入增长率	4.0%
XXX1 年到 XXX7 年的营业成本率	72%

计算 Q 社的企业价值与股东价值

首先让我们看一下 Q 社在 XXX1 年的自由现金流。

在 Q 社的事业计划上记载的 XXX1 年的**营业利润**为 577,000 千日元，这个金额可以直接填写在计算自由现金流的工作表上。

根据前提条件①"法人税等实际税率为 30%"，可以计算出 XXX1 年根据营业利润需要缴纳的假设税，并记载于"法人税等"一栏中。XXX1 年的法人税等为 577,000×30% ＝ 173,100 千日元。减去这部分的税金之后，就可以计算出税后净营业利润（NOPAT）为 403,900 千日元。

接下来是**计算自由现金流**。

折旧费 80,000 千日元因为并没有支付现金，所以需要加上。

设备投资额 90,000 千日元在投资阶段就一次性将现金支付完毕，因此在计算现金流的时候需要将这部分的金额从利润中减去。

营运资本增加额会随着应收债权、存货资产以及应付债务的变化而变化，需要根据其增加和减少的金额进行相应的修正。在这次的案例中，可以根据前提条件③来预测 XXX1 之后的数值。

首先来看**应收债权**，XXX1 年末时间点的应收债权，预计为 XXX1 年的营业收入 6,300,000 千日元乘以 0.096，也就是 604,800 千日元。

然后是**存货资产**，XXX1 年末时间点的存货资产，预计为 XXX1 年营业成本 4,536,000 千日元乘以 0.108，也就是 489,888 千日元。

最后是**应付债务**，XXX1 年末时间点的应付债务，预计为 XXX1 年营业成本 4,536,000 千日元乘以 0.120，也就是 544,320 千日元。

XXX1 年以外的年度也用同样的方法计算。

根据上述方法计算出应收债权、存货资产以及应付债务的金额之后，就可以将应收债权和存货资产每年的增加部分以及应付债务每年的减少部分在现金流中减去。

在图表 2—30 的下方，净营运资本的计算公式为应收债权＋存货资产－应付债务，这部分金额增加了多少，就相当于营运资本相关的现金流减少了多少。因为 XXX1 年净营运资本增加额为 32,808 千日元，所以要将其在现金流中减去。

像这样将工作表中的所有项目填满，就能够计算出 XXX1 年的自由现金流为 361,092 千日元。

用同样的方法计算出 XXX2 年到 XXX7 年的自由现金流。

接下来，需要将预测的未来自由现金流转变为**现值**。在这个案例中，根据 WACC 设定的贴现率为 5%。那么 XXX1 年的自由现金流因为是在评估时间点 1 年后产生的现金流，所以需要贴现 5%，也就是乘以 $1/(1 + 0.05) \approx 0.952$。

XXX2 年的自由现金流需要乘以 2 次方，也就是 $1/(1 + 0.05)^2 \approx 0.907$。XXX3 年以后需要依次乘以 3 次方、4 次方。最后计算出的从 XXX1 到 XXX7 年的所有自由现金流的现值合计为 2,397,784 千日元。

再看 XXX8 年之后的自由现金流。在对企业价值进行评估时，一般是以企业的事业半永久地存续下去作为前提。在这个案例中，也以未来的自由现金流按照 GDP 的增长率持续增长为前提，那么 XXX8 年之后的情况就要以 XXX7 年的状况为基础进行计算。具体来说就是将税后净营业利润（NOPAT）直接变成自由现金流，然后以每年 0.5% 的速度增长。为了将这部分自由现金流变为现值，需要进行一些计算。

为了便于理解，可以假设 XXX8 年之后每年持续获得的现金流为"1"。而这部分的价值，以 5.0% 的贴现率为前提，在 XXX7 年时间点的价值为 1/0.05。但由于这部分的自由现金流每年都有 0.5% 的增长，所以计算公式如下：

$$\frac{1}{(0.05 - 0.005)}$$

但这是在 XXX7 年的时间点将 XXX8 年之后的预测自由现金流转变为现值，所以还需要将其转变为现在（XXX0 年）的价值。也就是用 XXX7 年时间点的"1"乘以 0.711。

因此，XXX8 年以后每年持续获得"1"的自由现金流在 XXX0 年时间点的现值为：

$$\frac{1}{(0.05 - 0.005)} \times 0.711 \approx 15.8$$

以 XXX7 年的预测自由现金流（＝ NOPAT）494,314 千日元为基础，假设其保持 0.5% 的增长，也就是"494,314×1.005"。然后再乘以前面计算出来的结果 15.8 就能计算出剩余价值。

$$494,314 \times 1.005 \times 15.8 \approx 7,845,688$$

注："15.8"是四舍五入后的数字，所以上述计算结果存在些许误差。

根据上述计算结果，XXX1 年到 XXX7 年的自由现金流的现值为 2,397,784 千日元，XXX8 年之后自由现金流的现值为 7,845,688 千日元（剩余价值），两者相加的结果 10,243,472 千日元就是 Q 社的**事业资产价值**。

然后再加上**非事业资产价值**——闲置资产的土地和有价证券的价值 500,000 千日元——计算出 Q 社的**企业价值**为 10,743,472 千日元。

这个企业价值是债权人与股东共有的。要想计算其中的股东价值，必须将企业清算情况下拥有财产分配优先权的债权人的权益价值减去。在减去贷款和公司债券的 1,520,000 千日元之后，剩余的 9,223,472 千日元就是 Q 社的理论总市值，也就是股东价值。用这个数字除以发行的股票数量，就能计算出 **Q 社的理论股价**。

评估收购金额的三个关键点

通过与山田交流，杉浦终于掌握了评估收购金额的关键。

PER 法和 EBITDA 倍率法等用类似企业进行比较的方法和 DCF 法，都是在实际情况中比较常用的方法。用类似企业进行比较的时候，选择合适的企业至关重要。用 DCF 法的话，对未来现金流的预测准确度、贴现率的设定以及剩余价值的评估方法都需要特别注意。

有了上述认识后，杉浦决定重新看一遍 Z 社的评估资料，如果有问题的话就再和投资银行的人进行讨论。

总 结

▶ 评估收购金额的方法中比较有代表性的是资产负债表法、市场法以及收益法。

▶ 资产负债表法，就是以资产负债表为基础，用当前时间点资产负债表中的全部资产，减去全部负债，然后计算出收购金额的方法。但这个方法在实际应用中很少使用。

▶ 市场法，是以同行业上市企业的利润和现金流与股价之间的倍率为基础，按照同样的比率对目标企业的收购金额进行评估的方法。在使用这个方法时，选择合适的对比企业至关重要。

▶ 收益法，是以企业将来的利润为基础进行评估的方法。一般被称为DCF 法。使用这个方法时，对未来现金流的预测准确度、贴现率的设定以及剩余价值的评估方法等都需要特别注意。

▶ 理论上最合适的方法是 DCF 法。因为 DCF 法是以企业未来的业绩发展为基础，直接对目标企业进行评估。但因为对未来的预测难以保证准确性，所以在实际应用中经常是同时使用市场法和收益法。

▶ 从 DCF 法的角度来说，尽可能早且尽可能多地产生现金流，降低WACC，充分利用闲置资产，就可以提高企业价值与股东价值。

8 对企业进行尽职调查

完全听不懂会计师事务所的尽职调查报告

建筑机械生产企业 M 社的社长室室长丹羽,作为收购 P 社项目组的成员之一,出席了会计师事务所的尽职调查结果报告会。

M 社大约在一个月之前宣布"讨论收购 P 社的可能性",然后成立了专门的项目组,从各个角度对 P 社进行了调查和分析。其中的一环就是委托会计师事务所进行尽职调查。P 社是一家总部位于欧洲,在欧洲、非洲和南美洲都拥有分部的跨国企业。凭借自身优秀的技术实力和品质,P 社得到了业界和客户的一致好评。对于主要在日本和亚洲开展事业的 M 社来说,为了进军欧洲、非洲和南美洲市场,也为了提高自身的技术实力,收购 P 社是一个非常理想的选择。

在报告会上,会计师事务所的负责人针对应收债权的评估、存货资产的评估、准备金的设定等几个方面提出了问题。虽然 P 社在欧洲的分公司没什么会计上的问题,但非洲和南美洲的分公司则都存在一些问题。

在会计师事务所说明的这些问题中,有一些丹羽完全听不懂。于是在会议结束之后,丹羽找到一同出席会议的财务部部长田中,请他解答自己心中的困惑。

尽职调查原本的意思是
"尽最大的努力"

尽职调查的英文是"Due Diligence"，由意味着"尽职"的"Due"和意味着"努力"的"Diligence"组成。直译过来就是"尽最大的努力"。

这个词最早出现在 20 世纪 80 年代，指收购企业对被收购企业进行的一系列调查。后来也用来指代对新上市的企业进行的各种调查。

一般情况下，尽职调查指的还是对被收购企业进行的调查。

尽职调查主要有五个方面

尽职调查涉及许多领域，其中最具代表性的有五个方面：法务、会计与税务、商业活动（经营状况、人事结构等）、系统、环境（污染等）。

首先是法务调查，一般这项调查都是由收购方企业的法务部门委托相关的律师事务所进行。因为在收购之后，被收购的目标企业的员工也会被相应地接纳进来，所以劳动关系及合同必须重新确认，此外目标企业与其他企业签订的交易和合作等重要合同也需要调查清楚。

接下来是会计与税务调查，一般这项调查由收购方企业的财务部门委托相关的会计师事务所进行。主要调查目标企业的财务报表是否准确，税金申报是否存在问题等。

再接下来是商业活动（运营状况、人事结构等）调查，一般这项调查由收购方企业的经营企划部门和人事部门的负责人直接进行调查。主要对目标企业的经营状况、今后的发展预期、人才状况以及薪资水平等进行调查。

然后是**系统调查**，对电脑系统比较重视的行业会进行这项调查，一般由自身的系统部门或者委托外部的专家来进行。**主要对目标企业当前的系统状况以及合并后系统整合的课题进行调查。**

最后是**环境调查**，在收购对象包括工厂的情况下会进行这项调查，一般委托对环境问题十分了解的外部专家来进行。**主要对工厂的污染状况进行调查。**

在上述调查中，**法务、会计与税务、系统和环境这四项，都是为了确认目标企业是否存在问题，属于以保证安全为目的的防守性尽职调查。**

商业活动调查虽然也有确认企业是否存在经营问题的防守性尽职调查，但**也包括对事业的竞争优势、发展潜力、协调性等以积极发展为目的的进攻性尽职调查。**

事实上，有些企业在进行商业活动调查的时候，会预先制作收购成功后一定期间的事业计划概要，对经营干部的能力和适应性进行分析。因为收购的主要目的是能够在未来提高业绩，从这个角度来说，进攻性的商业活动调查可以说是重中之重。

会计方面的尽职调查

因为本书的主题就是财务与会计，所以在这里我着重说明一下会计方面的尽职调查。

会计方面的尽职调查的关键，就是对财务报表的准确性进行调查。因为这关系到评估收购金额、预测未来业绩、制作事业计划以及收购后的会计处理等重要问题，所以非常关键。不过在实际操作中，正如前文中提到过的那样，一般是由财务部门委托相关的会计师事务所来调查。

站在收购方的角度来说，会计方面的尽职调查最重要的一点就是避免给出过高的收购金额。因此要尽可能地压低目标企业的价值。

具体来说，就是**以资产负债表为中心**，检查资产是否价值更少，负债是否更多，最终的净资产是否更少（图表 2—31）。

事实上，在对资产负债表进行检查时，有几个需要重点关注的内容：

首先是资产方面，包括**应收债权（应收账款等）、存货资产（商品、产品、半成品、原材料等）、非上市企业的投资和出资等**。

这些项目的共同点是，**评估容易受个人的主观判断影响。**

比如**应收债权**中包括多少不良债权，这就是由非常主观的因素决定的。账款回收期长，客户企业虽然能够支付货款但存在经营危机等，这些都是难以进行评估的情况。

存货资产也难以评估。一些虽然没有损坏但销量非常差的商品和产品，评估起来也非常困难。

非上市企业的投资和出资也是如此。因为是非上市企业，所以可能很难获得对方的财务数据，就算拿到了财务数据，因为没有监管所以也无法保证其准确性。这些都导致评估困难。

此外，**有形固定资产（土地和设备）与商誉**的金额比较高的情况也需要注意。这两部分会受相关事业的业绩影响。

如果**相关事业的业绩不佳，那么在作为资产核算的时候就会出现减值损失**，所以在评估时也要将上述内容考虑进来。

再来看负债方面，非上市企业的**年金、用于将来支付退休金的退休准备金和将来可能成为负债的保证债务**，都要核算得准确无误。

图表 2—31　调查资产负债表，重点在于记载是否属实

资产负债表

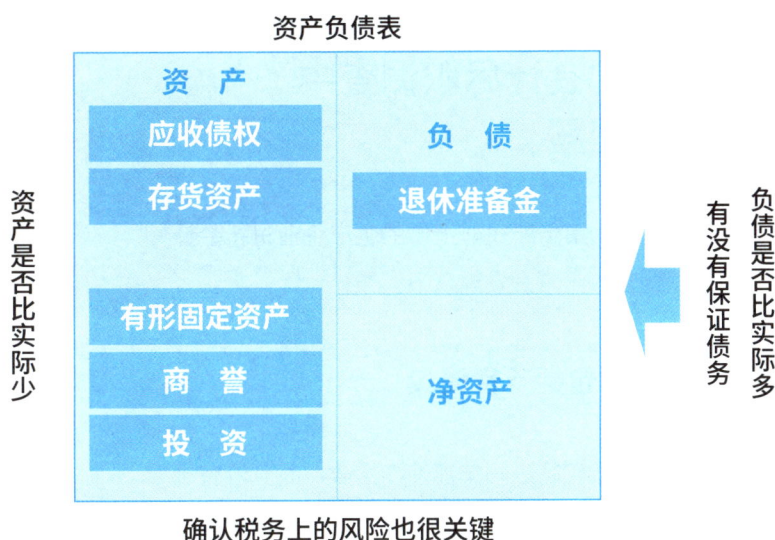

确认税务上的风险也很关键

需要注意的是，在核算资产时，只要按照资产负债表中的项目进行确认，就可保证没有遗漏。

在核算负债时，除了资产负债表中列举出的项目之外，还要仔细确认是否有没有被列举出的负债。也就是说，没有遗漏非常重要。

要想做到完全没有遗漏，必须对企业内部和外部的所有因素都进行仔细确认，这**几乎是不可能完成的任务**。

因此在实际操作中，一般以数值计算为前提，通过向被收购企业的经营层进行多角度的提问来确认没有遗漏，并且将"对方已经提供全部

已知信息，保证信息准确无误，一旦出现问题会给予相应赔偿"等都反映在合同上。

综上所述，与资产相比，负债相关的问题更加难以发现，需要我们多加留意。

生产企业的会计尽职调查中浮现出的问题

在委托会计师事务所对非上市的生产企业进行会计方面的尽职调查时，常会发现以下问题：

① 应收债权中包括不良债权

一部分应收债权超过一年都没能回收，而且没有设定坏账准备金。在回收客户企业的应收债权时，没有与客户确认回收的是哪笔债权，只按照时间顺序来统计，结果与客户企业之间在债权交接上出现了问题。

② 存货资产中包括不良存货

一部分零件在仓库中保管超过一年，使用量也很少，却被核算为正常的存货。这些存货并没有得到充分利用，而且未来何时才能得到利用也不清楚。

③ 与业绩不佳事业相关的有形固定资产的减值

一部分事业的业绩长期低迷，但与该事业相关的有形固定资产没有被核算为减值损失。

④ 为将来需要支付的退休金准备得不够充分

企业需要根据员工的工作年数支付退休金，但企业只准备了很少量的资金用于支付退休金，而且员工的平均年龄偏高。

其中①和②可能存在应收债权与存货资产的评估金额过高的问题，需要对坏账准备金和存货损失进行确认。

在这个时候，需要建立起对应收债权和存货资产进行管理的体制，比如超过一定期间没能回收的债权或没有使用的存货，就进行减额处理等。

如果与客户企业之间在债权交接上存在差异，就需要建立起严格的账目管理制度。同时对债权的差额进行调查，如果实在调查不出来的话就需要将其作为坏账损失处理。

关于③，必须明确其是否需要核算为减值损失。

关于④，需要明确目标企业是否有支付退休金的义务，如果有义务的话，就必须设定相应的准备金。

上市企业因为在会计方面会持续受到监管，所以一般不会出现太大的问题。

坏账准备金、退休准备金……
潜在问题多多

在听完财务部部长田中的解释之后，社长室室长丹羽终于明白了
会计师事务所说明的内容。

以 P 社为例，在非洲和南美洲的业务，因为一部分客户企业的财
务状况并不好，所以必须严格评估应收债权，还需要设定坏账准备金。
此外，对于一部分滞销的产品，也需要合理地评估，同时设定存货资
产评估准备金。至于退休准备金，从财报看似乎有所不足，所以 P 社
也需要追加退休准备金。

考虑到上述问题，P 社的收购金额还需要进一步的交涉之后才能
决定。为了尽快与收购团队的成员共享信息，丹羽加快脚步向会议室
走去。

总 结

▶ 尽职调查，主要包括法务、会计与税务、商业活动（经营状况、人
  事结构等）、系统、环境（污染等）。

▶ 会计方面的尽职调查主要是为了避免给出过高的收购金额，因此主
  要确认资产是否价值过高，负债是否过低。

▶ 在资产中，应收债权、存货资产、非上市企业的投资等都是比较难

以评估的项目。此外，对可能造成减值损失的有形固定资产和商誉进行评估也十分重要；在负债中，非上市企业的退休准备金和保证债务等都是可能出现问题的项目。

▶ 一般来说，资产的问题只需要对资产负债表中列举的项目进行确认即可，而负债的问题可能存在于资产负债表中没有列举的项目中，所以应该通过在合同中写明相关条款来规避风险。

01
02
03

活用财务数字，
管好企业，做好决策

【管理会计】

如何管理业绩?
如何做出好决策?
利用财务数字来解决
上述问题

会计是站在企业的立场上使用数字。其中的管理会计是利用数字在企业内部进行经营管理。

管理会计又分为两个领域。一是与业绩管理有关的领域;二是与决策有关的领域。这两个领域对经营者来说都有非常重要的意义。

1 变动成本、固定成本与盈亏平衡点

为什么
要大力削减固定成本？

在精密仪器生产企业 R 社的基层工厂担任厂长的三谷，回忆起上午出席的中期经营计划会议上讨论的内容。

会议的中心议题之一是削减固定成本。

因为中期经营计划的目标是大幅提高利润率，为了实现这个目标，关键之一就在于削减固定成本。

经营企划部部长在会议上提出了几个削减固定成本的建议，比如提高外部订单的比率、将间接业务外包给外部企业等。各部门需要以此为基础总结出自己的具体方案，并且在两周后的会议上进行讨论。

三谷所在的工厂一直在努力削减成本，比如降低原材料和零件的采购价格、削减生产阶段的浪费、削减现场员工的加班时间、提高生产效率等。而且工厂各部门的负责人也都有很强的削减成本意识。

但这次的主题是削减固定成本。固定成本指的是不受营业收入和生产量的影响，持续且固定产生的成本。要想削减固定成本，应该怎么做呢？这样做有什么意义，会对业绩造成怎样的影响呢？带着这样的疑问，三谷开始在网上搜索相关的信息和案例。

变动成本与固定成本
其实很好区分

变动成本和固定成本的概念很好理解。

随营业收入与生产量发生变化的是变动成本。
不随营业收入与生产量发生变化的是固定成本。

比如随营业收入的增加而增加的物流成本、随生产量的增加而增加的零件和原材料成本等都是变动成本。而不受营业收入变化影响的人工成本和企业的各项经费、不受生产量变化影响的工厂的固定资产税[①] 等都是固定成本。

事实上，想准确地区分变动成本和固定成本非常困难。比如电费就既包括固定成本也包括变动成本。

为了更好地对成本进行分析，需要将成本分为固定成本和变动成本。区分变动成本和固定成本的方法主要有两种。

账簿项目法：观察成本的项目是否随营业收入与生产量的变化而变化，区分变动成本与固定成本的方法。
最小二乘法：根据过去几年或几个月的营业收入与营业成本的金额之间的关系，推测固定成本与变动成本比率的方法。

在实际应用中，**比较常用的是账簿项目法。**因为用这种方法可以更具体地把握包含变动成本与固定成本的项目，有助于寻找削减成本的方法。

而最小二乘法虽然能够根据过去的实际情况，比较准确地推测出变

---

① 固定资产税：固定资产所在市、町、村征收的财产税，是以土地、房屋及应折旧资产为征税对象的税种，是日本地方政府收入的主要来源。

动成本和固定成本，却无法把握变动成本和固定成本中所包含的具体内容。这样就难以确定削减成本的具体方法。

但账簿项目法也有对变动成本和固定成本区分不够准确的缺点，所以在实际应用时，最好能够同时使用两种方法进行综合判断，这样会更加准确。

短期决策
以利润为基础进行判断

在两个选项中应该选择哪一个？在多个选项中应该执行哪一个？为了更加客观且准确地做出决策，应该以什么为基础进行判断呢？

针对不同的选项，我们应该选择不同的判断基础。

比如决定应该主打销售哪一种商品，像这种在不改变现有机制的前提下，制定未来一年时间内的**短期决策**，就应该以利润作为判断基础。因为一年内产生的利润转变为现值时不会产生太大的差异，所以在对利润进行比较时也没必要进行贴现。

相对地，决定采购未来五年使用的设备，这种决策会改变现有机制，而且决策造成的影响期长达数年，像这种**长期决策**应该使用 NPV 法或 IRR 法**计算哪一种产生的（自由）现金流更多**。因为产生（自由）现金流的时间可能相差数年，所以在对利润进行比较时必须都转变为现值。

也就是说，**短期决策以利润为基础（不需转变为现值）进行判断，长期决策以现金流为基础（需转变为现值）进行判断**（图表 3—1）。

图表 3—1　决策基础的差异

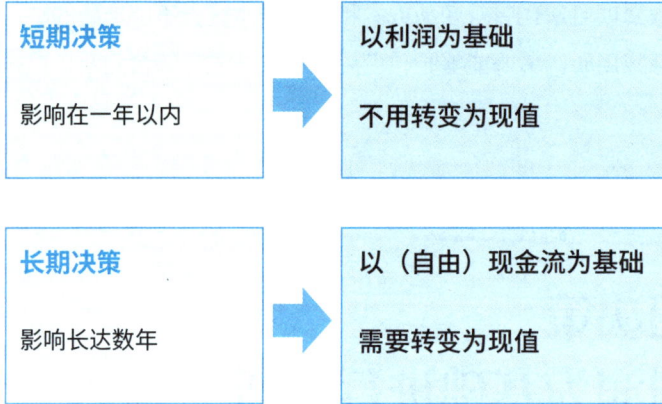

短期决策 影响在一年以内	➡	以利润为基础 不用转变为现值
长期决策 影响长达数年	➡	以（自由）现金流为基础 需要转变为现值

为什么短期决策以利润作为判断基础，长期决策以现金流作为判断基础呢？

企业的一切活动都是以现金流为基础来进行的。企业通过增资和贷款来获得现金，然后用现金来进行投资，事业的盈利最终也是变为现金。因此，**原则上来说，决策应该以现金流作为基础。**

在进行长期决策时，以现金流作为判断基础是非常正确的方法。但如果只以现金流来核算盈利情况，在进行设备投资的年度，由于投资额全部核算为负值，所以现金流可能会是负数。到了第二年，由于不再核算投资额，现金流又可能变为很庞大的正数，导致业绩出现巨大的波动。

为了在核算业绩时能够准确地反映各年度的实际情况，需要进行相应的调整。比如将设备的投资额以折旧的方式分摊到设备使用的年限，根据设备每年的折旧情况来核算费用。

为了反映事业的真实情况，现金流的统计必须经过各种调整，最后得到的就是利润。它是做决策的依据。

在表示一年、半年、三个月这种短期内企业盈利情况的时候，利润

比现金流更加准确。

也就是说，在不改变现有机制的前提下，进行未来一年以内的短期决策时，应该以利润为基础进行判断。

如何计算边际利润？

在进行短期决策时，关键在于比较哪一个利润多。具体应该怎样进行比较呢？

一般情况下，对两个选项进行比较时，需要把握这两个选项各自的营业收入和成本，然后计算出各自的利润，最终选择利润较多的一个。

成本分为变动成本和固定成本，变动成本会随着营业收入的变化而变化，所以会随选项的变化而发生变化，但固定成本不管哪一个选项都是一样的。也就是说，需要进行比较的，其实就是会随着不同的选项而发生改变的变动成本。用营业收入减去变动成本之后计算出的结果被称为边际利润，只要判断哪一个选项的边际利润更多即可（图表 3—2）。

图表 3—2 边际利润的示例

损益表

营业收入	100	
变动成本	40	（40%）
边际利润	60	（60%）
固定成本	50	
营业利润	10	

比如考虑应该主打销售哪一种商品。

如果以营业收入为基础，应该选择边际利润率更高的商品。
如果以销售数量为基础，应该选择单个商品边际利润额更高的商品。

但需要注意的是，这只是根据企业内部的成本结构和利润结构为基础做出的判断，并没有考虑到市场的变化、与竞争产品之间的竞争关系等外部因素，所以实际的情况可能会有所不同。

成本结构应随
事业环境的变化而改变

在不同的事业环境下，应该如何分配变动成本和固定成本呢？一般情况下，如果市场和竞争关系比较稳定，产品的销量也将稳步提升的事业环境下，可以降低变动成本所占的比重，提高固定成本所占的比重。

因为固定成本不会随着营业收入的增加而增加，所以固定成本占比越高，盈利就越多。

另一方面，如果市场和竞争关系不稳定，在可能出现销量急剧减少的事业环境下，最好提高变动成本所占的比重，降低固定成本所占的比重。

因为变动成本会在销量急剧减少的时候也随之减少，从而能够保证盈利稳定。但变动成本所占的比重高，在销量增加时变动成本也会随之增加，会导致盈利相对较少（图表3—3）。

在实际操作中，要想降低变动成本所占的比重，提高固定成本所占的比重，可以增加自有设备和员工的数量，将委托外部完成的工作拿到企业内部来完成；反之，要想提高变动成本所占的比重，降低固定成本所占的比重，就要将企业内部完成的业务外包给外部完成。

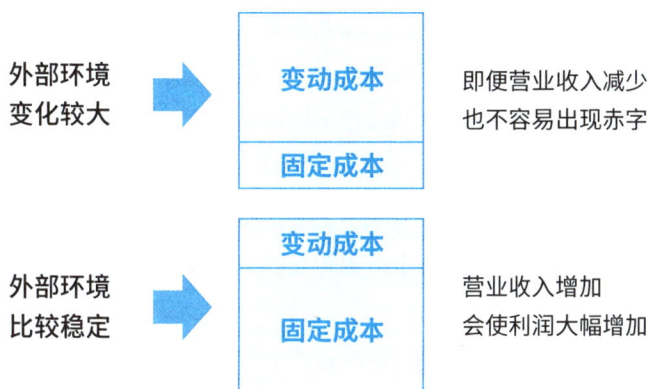

如果变动成本占比较高，要想提高利润应该怎么做呢？

在变动成本占比较高的情况下，首先要将价格维持在一定的水准，然后尽量削减变动成本，提高边际利润。在此基础上还要尽量提高销量。

也就是说，如果变动成本占比较高，单纯地提高销量并不能有效地提高利润，所以要提高边际利润。

虽然削减固定成本也能提高利润，但因为固定成本本来占比就很低，所以削减固定成本对提高利润的效果并不明显。

如果固定成本占比较高，要想提高利润应该怎么做呢？

在固定成本占比较高的情况下，只要提高销量就能提高利润，所以首先应该提高销量。与此同时还要尽量削减占比较高的固定成本。

在这种情况下，变动成本所占的比重较低，边际利润已经处于很高的水平，通过削减变动成本来提高边际利润率虽然也有一定的效果，但优先顺序不高。

此外，固定成本增加也具有一定的风险性。正如我在第二章中提到过的那样，风险指的是不确定性、变化和波动，固定成本增加会提高成本方面的风险性。固定成本所占的比重越高，当营业收入出现巨大变化的时候，利润就会随之出现巨大的波动。而在变动成本占比较高的情况下，即便营业收入出现变化，利润也不会出现太大的变化。

也就是说，从营业收入变化会导致利润出现巨大变化的角度来说，固定成本占比较高的状态，属于风险较高的成本结构。

换句话说，固定成本增加，意味着企业需要自己持有设备并雇佣正式员工，建立完善的机制。当拥有像这样完善的机制之后，即便营业收入出现巨大的变化，企业也难以做出灵活的应对，所以风险性较高。

在削减成本的时候，一般先从变动成本开始。因为像原材料和零部件等都是向外部进行采购，只要货比三家或与供应商讨价还价，就能够减少变动成本，操作起来相对容易。

而固定成本一般都会涉及持有的设备和正式员工的薪水等与企业体制相关的成本，贸然削减往往会引起内部的反对，所以操作起来比较困难。不过通常需要削减成本的企业都是固定成本太高的企业，即使难度很高，企业也要硬着头皮去做。

利用盈亏平衡点进行分析

盈亏平衡点分析（Break Even Point Analysis）是一种利用变动成本和固定成本进行分析的工具。它将成本分为变动成本和固定成本，然后计算出利润刚好为零时的营业收入（盈亏平衡点营业收入），再以此为基础计算出实现黑字和达成目标所需的营业收入以及需要削减的成本。

盈亏平衡点营业收入与盈亏平衡点比率的计算方法

在计算盈亏平衡点营业收入的时候，边际利润率非常重要。边际利润指的是用营业收入减去变动成本之后的利润，代表每当营业收入增加的时候，利润会相应增加多少。边际利润率就是边际利润与营业收入之间的比率。

$$边际利润 \quad = \quad 营业收入 \quad - \quad 变动成本$$

$$边际利润率 \quad = \quad \frac{边际利润}{营业收入}$$

盈亏平衡点营业收入可以按照以下的公式计算：

$$盈亏平衡点营业收入 \quad = \quad \frac{固定成本}{边际利润率}$$

在计算达成目标利润所需的目标营业收入时，只需要在计算盈亏平衡点营业收入的公式中，用固定成本加上目标利润即可。具体的计算公式如下：

$$达成目标利润所需的目标营业收入 \quad = \quad \frac{（固定成本 \ + \ 目标利润）}{边际利润率}$$

一般来说，盈亏平衡点营业收入越小越好。因为这个金额越低，实现盈利所需的营业收入就越少，而且意味着即便营业收入很低也不会出现赤字。

为了把握盈亏平衡点营业收入与当前实际的营业收入之间的比率，可以按照以下的公式计算：

$$\text{盈亏平衡点比率} = \frac{\text{盈亏平衡点营业收入}}{\text{当前的营业收入}}$$

这个盈亏平衡点比率的数值越低越好。因为这个比率低，意味着即便营业收入很低也不会出现赤字。

一般情况下，只要保持盈亏平衡点比率在 80% 以下，即便营业收入降低 20% 也不会出现赤字，会使事业的运营更加游刃有余。

不过，对于营业收入变动比较大的事业来说，最好能够将盈亏平衡点比率再降低一些。

降低盈亏平衡点比率的方法

要想降低盈亏平衡点比率具体应该怎么做呢？

根据前文中的公式来看，必须降低作为分子的盈亏平衡点营业收入，或者提高作为分母的当前营业收入。

一般情况下，提高当前营业收入绝非一朝一夕就能实现，所以关键在于降低盈亏平衡点营业收入（= 固定成本 / 边际利润率）。为了实现这个目标，从公式上来看，可以降低作为分子的固定成本，或者提高作为分母的边际利润率。

要想提高边际利润率（= 边际利润 / 营业收入），可以提高销售价格，或者削减变动成本。但贸然提高销售价格并不现实，所以只能在削减变动成本上下功夫。也就是说，关键在于削减固定成本和变动成本。

虽然又回到了削减成本这个老生常谈的话题上，但削减固定成本的确具有非常重要的意义。

为了在营业收入下降的时候也不会出现赤字，必须削减固定成本。

变动成本会随着营业收入的下降而减少，所以并不会造成太大的负担。为了将固定成本转变为变动成本，可以将原本在企业内部完成的业务交给外部来完成。

不过，将生产外包出去，存在无法提高自身的生产技术、难以降低生产成本等缺点。为了保持自身的竞争优势，最好不要将核心的业务外包出去。

案 例

变动成本占比过低、固定成本占比过高的企业应该如何改善

像钢铁、化学以及造纸这种设备投资型行业，变动成本占比较低，固定成本占比较高，在业绩下滑时就需要采取一些应对措施。

具体来说，企业可以利用变动成本占比较低的特点，采取大幅降价促销的策略。因为变动成本占比较低，即便大幅降价也能保证一定的边际利润。

在保证边际利润的前提下降价促销，企业大幅提升销售数量。如果这种策略能够顺利展开，就可以获得足够的利润来覆盖固定成本。

但这种策略有一个问题，那就是如果一个企业降价，其他同类型的企业很有可能也同时降价。这样一来，每个企业的营业收入和之前相比都不会有太大的变化，

而行业整体的销售价格却下降了，最终的结果就是导致整个行业的利润大幅降低。

由此可见，固定成本占比较高的企业，比如设备投资型企业，即便在业绩下滑时，也不能贸然采取降价促销的手段。

此外，设备投资型企业在经营环境恶化的情况下，因为不能轻易废弃设备，也难以解雇正式员工，虽然不知道经营环境何时能够好转也要做好充足的准备，所以各企业都会选择坚持下去。结果就是即便在环境恶化的情况下，整个行业的企业数量也不会发生太大的变化，从而导致严峻的局面长期持续。

在这种情况下，企业可以采取的对策有产业重组和彻底的差异化。通过与同行业的竞争对手进行合并和整合，减少行业内企业的数量，不但能够降低出现价格竞争的风险，还能够提高面对顾客时候的交涉能力。

而通过差异化来瞄准利基市场，企业也能够在激烈的竞争中获得一定的利润。

综上所述，对于固定成本占比较高而变动成本占比较低的企业，面对恶化的经营环境必须及时采取有效的应对措施。

案 例

计算 A 社的盈亏平衡点营业收入

让我们根据下面的图表，分别计算出 A 社的盈亏平衡点营业收入、盈亏平衡点比率以及为了提高营业利润 20% 达到 1,200 百万日元所需的目标营业收入。

区分变动成本与固定成本的损益表

营业收入	10,000	百万日元	(100%)
变动成本	4,000	百万日元	(40%)
边际利润	6,000	百万日元	(60%)
固定成本	5,000	百万日元	
营业利润	1,000	百万日元	

$$盈亏平衡点营业收入 = \frac{5,000 \text{ 百万日元}}{60\%}$$

$$= 8,333 \text{ 百万日元}$$

$$盈亏平衡点比率 = \frac{8,333 \text{ 百万日元}}{10,000 \text{ 百万日元}}$$

$$= 83.3\%$$

为了提高营业利润 20% 达到 1,200 百万日元所需的目标营业收入

$$= \frac{(5,000 \text{ 百万日元} + 1,200 \text{ 百万日元})}{60\%}$$

$$= 10,333 \text{ 百万日元}$$

再来计算一下销售价格、销售数量、变动成本、固定成本分别增加 10% 的情况下，营业利润会增加多少。

销售价格增加 10%	营业利润增加 100%（2,000 百万日元）
销售数量增加 10%	营业利润增加 60%（1,600 百万日元）
变动成本减少 10%	营业利润增加 40%（1,400 百万日元）
固定成本减少 10%	营业利润增加 50%（1,500 百万日元）

由此可以看出，提高价格对营业利润的增加效果最好。随后依次是增加销售数量、减少固定成本、减少变动成本。

也就是说，初期的价格设定以及不要轻易降价销售非常重要。此外，增加销售数量、减少固定成本以及减少变动成本带来的效果，会随固定成本和变动成本各自所占的比重而发生变化：在变动成本较大的情况下，影响从大到小的顺序依次是减少变动成本、增加销售数量、减少固定成本；在固定成本较大的情况下，影响从大到小的顺序依次是增加销售数量、减少固定成本、减少变动成本。

在思考提高利润的方法时，企业需要根据实际的成本结构，从影响比较大的因素着手。

关键在于削减固定成本

厂长三谷上网查了削减固定成本的定义，以及它与业绩的关系，总算明白，为什么中期营运计划会把重点放在削减固定成本上。

具体来说，R 社的固定成本占比较高，所以削减固定成本是提高利润的关键。最近因为供需关系变化以及市场竞争激烈，产品的营业收入经常会出现巨大的变化，固定成本过高会导致利润也出现巨大的变化。

于是三谷开始思考应该采取哪些具体措施才能在自己的工厂中成功削减固定成本。

总 结

▶ 随营业收入和生产量变化的成本是变动成本，不变化的是固定成本。区分变动成本和固定成本的方法有账簿项目法和最小二乘法，在思考削减成本的方法时，最好选用能够把握变动成本和固定成本具体内容的账簿项目法。

▶ 长期的决策应该以（自由）现金流为基础进行判断；短期决策应该以利润为基础进行判断。

▶ 短期决策可以通过在短期内可能出现变化的营业收入，以及同样在短期内可能出现变化的边际利润来进行判断。具体来说，需要关注边际利润率和每个产品的边际利润额。

▶ 在环境变化剧烈的情况下，应该降低固定成本所占的比重；在环境比较稳定的情况下，则应该提高固定成本所占的比重，这样才能保证获取利润。

▶ 固定成本占比较高的企业，为了更有效地获取利润，应该优先采取增加销量、削减固定成本等手段；变动成本占比较高的企业，则应该优先采取提高边际利润率、削减变动成本等手段。

▶ 固定成本占比较高的企业，当营业收入出现变化时利润也会随之发生变化，而且难以灵活应对环境的变化，属于风险较高的成本结构。

▶ 盈亏平衡点比率是用来判断在营业收入上是否有充足的空间来保证利润的指标。降低盈亏平衡点比率，关键在于削减固定成本。

2 外包和共享服务应该选哪个?

如何提高间接业务的效率?

间接业务应该在企业内部完成还是外包出去?

在机械零件生产企业 S 社担任营业部部长的山本回忆起上午经营会议上讨论的内容。管理部部长三岛在会议上提出,为了提高人事的薪酬计算、财务的票据输入等业务的效率,希望在本年度从外包和共享服务中选一个。

近年来,S 社的经营会议上,经常有人提出为了削减成本要提高间接业务效率的课题,现在终于到了讨论具体措施的阶段。山本入职以来一直从事经营相关的业务,对管理业务和间接业务可以说是一窍不通。

今天会议上提到的外包和共享服务这些术语,他大概知道是什么意思,但对具体的内容却并不了解。此外,提高间接业务的效率,虽然听起来和山本负责的营业部没有直接的关系,但其中涉及的经费的票据输入等业务营业部也在做,所以多少也有一些影响。

外包和共享服务究竟是怎么回事?两者都有什么效果?会对营业部造成什么样的影响?带着这些疑问,山本拨通了管理部部长三岛的内线电话。

外包是什么?

外包指的是将企业的一部分业务委托给外部去做。

大多数情况下，外包的对象都是采购、劳务管理、总务、财务等间接业务。外包主要有以下 5 个优点。

优点① 削减成本

接受委托的外部企业，因为专门从事相关业务，所以作业效率很高而且价格很低，能够帮助委托企业提高效率、降低成本。

优点② 将固定成本转变为变动成本

如果在外包合同上注明外包费用的多少与业务量相关，那么就可以将固定成本转变为变动成本。这样一来，企业就可以根据业务量和营业收入的多少来灵活地调整，养成不容易出现赤字的健康体质。

优点③ 提高业务品质和服务范围

接受委托的外部企业是该领域的专家，能够提供更高品质的服务，还有可能提供更广范围的服务。

优点④ 使组织精简化

将业务外包出去之后，企业可以清除与该业务相关的人力和物力，使组织精简化。

优点⑤ 优化资源配置

将业务外包出去之后，闲置下来的人力和设备等经营资源可以投到其他更重要的业务中。

外包的注意事项

外包也有两个需要注意的地方。

第一，**与自身竞争优势相关的业务不能外包**。

一般来说，外包的对象都是间接业务，与竞争优势相关的业务不会成为外包的对象。

比如某企业的竞争优势来自于采购部门的信息收集能力、管理能力和交涉能力带来的成本竞争力，如果将采购部门的业务全部外包出去的话，就会因为失去了竞争优势和相关知识经验，导致整个企业的竞争力下降。与竞争优势相关的业务一定要牢牢地控制在自己的手里，只将普通的业务外包出去，请务必牢记这点。

第二，**接受外包委托的企业的可信赖性**。

将自身的业务委托给外部的企业时，信息保密、保证准确性等都非常重要。此外，当接受委托的外部企业出现问题的时候，即便能够追究对方的责任，有时候也难以挽回损失。从这个角度来说，必须对接受委托的企业进行严格的审查和管理。

共享服务是什么？

共享服务指的是将企业或集团内部分散进行的业务，集中在某个部门或某个子公司中统一处理，并且通过业务标准化来提高效率的方法。

共享服务的对象和外包一样，大多是人事、财务等间接业务。

共享服务最主要的目的是削减成本，但在业务集中的同时，实现业务内容的标准化也非常重要。因为这样可以培养出对业务更加熟悉的人才，提高业务的品质。此外，共享服务还有优化管理制度和信息整合的好处。

共享服务一般分为将业务集中在企业内部的某个部门和专门成立一个子公司来集中处理业务两种模式。

前一种模式具有不必创建新组织，可以减轻企业一部分负担的优点，但也有延续传统业务难以实现标准化，没有独立的组织难以提高业务效率等问题。

后一种模式虽然具有需要投入成本成立新组织的缺点，但也有更容易实现标准化、取得更好的成果、拥有独立的组织更容易提高业务效率、通过设定合理的薪资结构降低人工成本等优点。

共享服务的注意事项

共享服务的目的是实现企业内部业务的标准化和降低成本。但也有一些企业会承接外部企业的业务，以此来增加自身的营业收入和利润。如果有承接外包的计划，企业大多会成立一个专门的子公司。

但在承接外包业务的时候，可能出现为了满足外部顾客的要求而对业务内容进行调整，导致难以实现业务标准化的情况，这就背离了选用共享服务提高效率的初衷。因此应该谨慎对待外包业务。

此外，也有一些企业会共同成立一个子公司，将各自的业务通过共享服务的方式集中在一起，实现业务的标准化。在这种情况下，因为各个企业都会提供自身的知识和经验，所以共享服务可能更容易取得成果。

在这种情况下，业务的标准化程度和子公司的自主经营程度是取得成果的关键。

优先选择外包

看到这里想必大家已经清楚，外包和共享服务都是为了提高间接业务的效率和降低成本。

两者的区别就在于是将业务委托给外部企业，还是在企业内部或集团内部集中进行。选择哪一个方法并无定论，但对于不涉及竞争优势的业务，从削减成本和优化资源配置的意义上来说，优先选择外包。

与竞争优势相关的业务、有必要在企业内部进行的业务，则应该考虑共享服务。

此外，在我的印象中，日本的优良企业与欧美的优良企业相比，似乎拥有更强的自主意识。但在当今经营环境剧烈变化的情况下，为了保证企业的灵活性，与强调自主的共享服务相比，外包似乎更有优势。

外包和共享服务的成果

最近很多日本企业为了提高间接业务的效率都开始选择外包。虽然有些企业确实顺利地取得了成果，但也有些企业遇到了成本并没有如预期下降、业务品质没有得到提升等问题。由此可见，谨慎地选择业务的委托对象、仔细地分析合同内容、定期地对外包的业务内容进行审查都非常重要。

曾经有某个生产企业将财务工作外包了出去。根据事前的分析和预测，如果选择根据业务量来支付外包费用，能够大幅地降低成本。

但该企业实际将业务外包出去之后，却发现业务量比预想的要多得多，导致成本根本没有降低。此外，接受委托的企业将大部分业务都放在海外，业务标准化的程度非常低，初期阶段就出现了许多错误，为了解决这些问题，该生产企业也付出了大量的时间和精力。虽然后来外包业务逐渐走上正轨，但成本却一直没能降低。

此外，也有越来越多的企业选择成立专门的子公司，通过共享服务的方式来集中处理人事、财务等业务。有不少企业通过共享服务成功地提高了业务的专业性，并通过标准化成功地削减了成本。

也有一部分企业在为自身提供共享服务的同时也提供外包服务，但很少有企业通过这项业务获取巨额的收益。由此可见，将主要精力放在为企业自身提供服务和削减成本上更容易取得成果。

事实上，很多大型综合商社都会将自己的人事、财务等业务以共享服务的方式委托给专门的子公司来做。

因为这个子公司会专门为集团内的企业定制共享服务，所以标准化更加彻底，往往能取得理想的效果。也就是说，在选择共享服务时，最好不要贸然为外部提供服务，避免出现两边都没做好的情况。

从事间接业务的人今后该怎么办？

营业部部长山本在听完管理部部长三岛的说明之后，终于理解了外包和共享服务的意思，以及两者的区别。

为了提高业务效率和削减成本，确实需要考虑这两种方法。但在营业部中从事间接业务的人今后应该怎么办呢？山本打算在下次的会议上讨论这个问题。

总 结

▶ 外包是将企业内部的间接业务委托给外部企业处理。其优点包括削减成本、将固定成本转变为变动成本、提高业务品质和服务范围、使组织精简化、优化资源配置。

▶ 选择外包时需要注意，不能将与竞争优势相关的业务外包出去，尽量选择可信赖的委托对象，并且做好后期的管理工作。

▶ 共享服务是将分散在企业内部或集团内部的业务（一般是间接业务）集中在某个部门或某个子公司中统一进行，实现业务的标准化和效率化。

▶ 选择共享服务时需要注意不能因为过于重视外包服务，影响业务的标准化，导致无法实现降低成本的目标。

3 ABC 法是合理分配间接成本的方法

不知道间接成本的具体内容和计算方法

在食品生产企业 F 社的点心事业部担任部长的宫本，看着自己部门的产品业绩核算资料陷入了沉思。

他负责的点心事业部这几年虽然营业收入一直勉强达标，却连续出现赤字，所以必须对事业进行调整。在他出任部长的时候，社长就对他说道："希望你能用 3 年时间让事业部起死回生，我很期待你的表现。"

随着日本人口的减少，食品市场也出现了缩小的趋势，点心市场自然也不例外。不过，还是有一些企业仍然取得了较好的业绩，宫本的事业部应该也有提升业绩的方法。

宫本在看完资料之后发现，虽然目前有很多赤字的产品，但也有一部分产品能够保证黑字。此外，各个产品的成本中间接成本的金额非常高。

只是，间接成本具体包括哪些内容呢？各个产品的间接成本应该如何核算呢？为了了解间接成本的内容和计算方法，宫本打算向负责制作这份资料的财务部部长铃木问个清楚。

ABC 法的定义和目的

ABC 是 Activity Based Costing 的首字母缩写，翻译过来就是"**基于作业的成本**"。这是将间接成本尽可能准确地分配给各个产品，从而更加准确地计算成本的方法。

产品的成本分为两部分。

直接成本：与产品存在直接的关系，能够明确地指出该成本属于哪个产品的成本。

间接成本：与产品存在间接的关系，不能明确地指出该成本属于哪个产品的成本。

以汽车生产企业为例，安装在汽车上的发动机和方向盘等零件，能够明确地指出该成本属于哪个产品，这就是最有代表性的直接成本。

而工厂中照明设备的电费、工厂管理部门的经费等，虽然对汽车的生产也做出了贡献，却无法具体到哪个产品，所以是间接成本。

在计算生产成本的时候，可以根据明确的关系来直接计算出各个产品的直接成本。而间接成本因为没有明确的关系，所以只能先将间接成本分为几个部分。然后在此基础上，根据现场的作业情况（比如人工作业的时间、设备作业的时间）设定合适的分配比率，将间接成本分摊到各个产品上。

在计算生产成本时，传统方法大多是将间接成本粗略地进行分摊之后进行核算。而 ABC 法将生产产品的整个活动分为几项作业，然后分析各项作业的成本动因①，以此为基础计算出各产品的间接成本（图表3—4）。

---

① 成本动因：亦称成本驱动因素，是 ABC 成本法的核心内容。

图表 3—4　传统方法与 ABC 法之间的差异

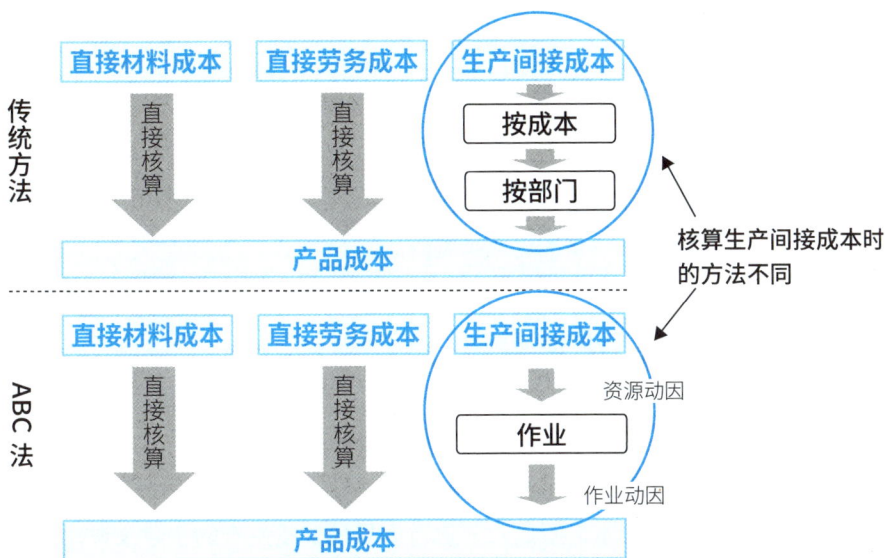

以生产企业为例，作业包括原材料的保管、运输、切割、加工、生产、管理、人事等几十甚至上百个项目。成本动因则可以根据过去各项作业的成本与成本动因的数值之间的关系，选择最合适的分配比率。

使用 ABC 法的目有两个：一是为了更加准确地计算成本，二是为了更有效地削减成本。

因为 ABC 法可以准确地分配间接成本，所以计算出的成本也更加准确。这样就能把握各个产品真正的盈利情况，并以此为基础决定今后的生产重心和价格策略。

此外，通过 ABC 法可以把握成本动因，通过减少与作业相关的成本的数值，以及提高组织整体业务的效率等方法，可以实现削减成本的目标。

哪些企业适合采用 ABC 法？

ABC 法虽然能够准确地计算成本，但也并非适用于所有的企业。我将适合采用 ABC 法的企业类型概括如下：

多品种少量生产的企业

在多品种少量生产的情况下，不同种类的产品，因为生产工艺和材料的不同，包括间接成本在内的总成本也很有可能出现巨大的差异。

如果将间接成本粗略地分摊到各个产品上，很有可能无法准确地反映实际的生产成本，所以对于进行多品种少量生产的企业来说，采用 ABC 法可以更加准确地计算出生产成本。

间接成本占比较高的企业

如果间接成本在总成本中的占比较高，将间接成本粗略地分摊到各个产品上，很有可能使成本核算出现巨大的偏差。在这种情况下，使用 ABC 法准确地计算间接成本就显得十分重要。

近年来，各大企业的成本意识都在提高。通过全球化采购和生产线自动化等手段，包括生产材料成本和人工成本在内的直接成本都呈现出逐渐下降的趋势，因此像生产线的控制系统等间接成本在总生产成本中的比重越来越大。从这个意义上来说，准确地计算间接成本也非常重要。

处于稳定期的企业（产品），依赖成本竞争力的企业

当企业进入稳定期之后，一般市场上就会出现竞争产品。在这种情况下，准确地核算成本，设定合适的价格，提高成本竞争力就显得尤为重要。此外，依赖成本竞争力的企业为了削减成本也需要充分利用 ABC 法。

综上所述，**多品种少量生产的企业、间接成本占比较高的企业、处于稳定期的企业（产品），以及依赖成本竞争力的企业，都应该积极地采用 ABC 法计算成本。**

反之，少种类大批量生产的企业、间接成本占比较低的企业、处于成长期的企业（产品）、不依赖成本竞争力而是依赖差异化的企业，则不是很需要采用 ABC 法计算成本。

ABC 法的缺点

ABC 法虽然具有能够准确地计算出间接成本，有助于削减成本等优点，但也有一些缺点。在实际导入的时候需要注意以下几点：

注意点① 作业的设定成本

在导入 ABC 法的时候，为了核算间接成本，首先需要将产品生产的每一个环节都设定为作业。

在设定作业时，因为要根据自身的业务状况进行仔细分析，所以往往需要花费大量的时间和精力。这一点必须事先考虑清楚。

注意点② 成本动因的探索、核算成本、系统的完善程度

ABC 法在设定完作业之后，需要根据所选的成本动因来分配间接成本并进行核算。

但成本动因实际上有多个备选项，需要通过统计学的方法选出与间接成本的变动相关性最高的数值数据。

如果没有一个完善的系统和大量的备选数据，就很难找到合适的成本动因，所以对于系统不完善的企业来说，导入 ABC 法的难度很高。

注意点③ 企业内部对导入 ABC 法的理解程度

一般情况下，标准产品因为生产起来更省时省力，所以间接成本也相对较少，而特殊产品的间接成本相对较多。

导入 ABC 法之后，因为对成本计算得更加准确，就会出现标准产品的生产成本比之前降低，而特殊产品的生产成本比之前升高的情况。

这样一来，负责生产特殊产品的部门就会因为害怕自己部门的成本变高而拒绝导入 ABC 法。

为了避免出现这种情况，需要让员工理解导入 ABC 法的目的不是为了将其与人事评估和报酬评估结合，而是为了准确计算成本和削减成本，进而让企业向更好的方向发展。

注意点④ 正确利用分析结果

导入 ABC 法之后，因为能够更加准确地计算成本，很有可能出现前文中提到过的，标准产品的成本变低，而特殊产品的成本升高的情况。

这样与之前的数据相比，可能就会发现标准产品的利润更高，特殊产品的利润更低。于是得出增加标准产品的产量，减少特殊产品产量的结论。

但实际上，标准产品和特殊产品在产品线中所占的比重不能只看利润，还要根据两类产品的市场情况、竞争对手情况、今后的发展情况等进行综合的考量。不能仅凭 ABC 法的结果决定产品战略。

此外，利用 ABC 法准确地计算成本之后，通过降低成本动因的数值和提高相关业务的效率，可能会使人力或物力出现闲置。

企业如果放任这些人力或物力闲置，就没有实现真正意义上的削减成本。

也就是说，必须让富余出来的人力或物力再次合理地利用起来，才能实现真正意义上的削减成本。

从顾客的角度
对生产成本进行改善的 ABM 法

ABM 是 Activity Based Management 首字母的缩写。翻译过来是"基于作业的管理"。ABM 法指的是为了**提高顾客价值和利润，充分利用 ABC 法获取的信息对生产成本进行管理的方法**。

比如企业为了保持的竞争优势，必须站在顾客的角度对企业的各项作业进行审视，去除对顾客来说没有附加价值的作业，高效地进行有附加价值的作业。如此企业才能从根本上对业务进行改革，不断地对生产成本进行改善。

ABM 法具体包括以下 5 项作业：

- 削减执行作业所需的时间和精力。
- 削减多余的作业。
- 选择低成本的作业。
- 尽可能将作业共通化。
- 将未使用的资源重新分配或削减。

ABC 法、ABM 法透露的信息，
以及"顾客需求"

正如前文中提到过的那样，利用 ABC 法计算成本之后，与传统方法相比，经常会出现特殊产品的成本变高，标准产品的成本变低的情况。

因为特殊产品的成本非常高，为了保证利润应该**给特殊产品设定更**

高的价格，如果无法提高价格，应该尽量减少特殊产品的种类，同时提高生产效率来降低成本。包括明治控股在内的日本的点心生产企业都通过削减产品的种类成功地削减了成本，并且提高了业绩。

此外，从 ABM 的概念延伸出去进行思考，对于顾客有需求的部分，应该尽可能地满足顾客需求，而对于顾客没有意识到（没有需求）的部分则应该以提高效率、削减成本为主。比如汽车生产企业就会选择通用的底盘，这样做可以有效地降低顾客没有意识到的部分的成本，而对于车身设计、内饰、性能等部分则要根据车型和顾客需求进行调整。

开展旅游与酒店事业的星野度假区，大部分员工都能胜任前台、接待、清扫、配膳等多项工作，同时用中央厨房集中生产半成品食材，然后再送往各地的度假区，通过这种方式来降低顾客不太在意的部分的成本。而对顾客在意的特殊产品，星野度假区则采用当地采购现场制作的方法来提供给顾客。

综上所述，除了彻底满足顾客的需求、以较高的价格提供特殊产品的选项之外，还可以将产品细分为顾客不在意的部分和在意的部分，将顾客不在意的部分通过标准化来提高效率、降低成本，以相对实惠的价格为顾客提供特殊产品。

练习题

分别用传统方法
与 ABC 法计算成本

接下来让我们通过具体的案例，对比传统方法与 ABC 法有什么不同吧。

Z 社生产 X 产品和 Y 产品。X 产品是大批量生产的标准产品，Y 产品是少量生产的特殊产品。

现在 Z 社使用的是传统方法，将直接成本直接分摊到 X 产品和 Y

产品上，间接成本按照设备运转时间分摊到 X 产品和 Y 产品上。

成本数据

	X 产品	Y 产品
直接材料成本 / 个	3,000 日元	5,000 日元
直接人工成本 / 个	2,000 日元	3,000 日元
设备运转时间 / 个	2 小时	3 小时
年产量	20,000 个	2,000 个

假设间接生产成本的总额为 230,000,000 日元。

根据上表，算出 Z 社生产产品的设备总运转时间：

2 小时 / 个 × 20,000 个 + 3 小时 / 个 × 2,000 个
= 46,000 小时

单位时间设备运转的间接生产成本如下：

$$\frac{间接生产成本总额}{设备总运转时间} = \frac{230,000,000 \text{ 日元}}{46,000 \text{ 小时}}$$

= 5,000 日元 / 小时

因此，X 产品和 Y 产品间接生产成本如下：

X 产品 2 小时 × 5,000 日元 / 小时 = 10,000 日元
Y 产品 3 小时 × 5,000 日元 / 小时 = 15,000 日元

根据传统方法计算出来的成本如下表所示：

传统方法计算出的成本数据

	X产品（日元）	Y产品（日元）
直接材料成本/个	3,000	5,000
直接人工成本/个	2,000	3,000
间接生产成本/个	10,000	15,000
合计	15,000	23,000

最近 Z 社为了制定今后的产品战略，决定更准确地计算一下产品的收益率，于是采用 ABC 法来计算成本。

经过详细分析，间接生产成本被分为设计修改、零件筹集、检查、其他 4 项作业，各项作业与成本动因之间的关系如下：

各项作业的成本动因

作业	金额（日元）	成本动因	成本动因数量	成本动因单位金额（日元）
设计修改	24,000,000	设计修改次数	30	800,000
零件筹集	36,000,000	零件筹集次数	9,000	4,000
检查	78,000,000	检查点总数	120,000	650
其他	92,000,000	设备运转小时数	46,000	2,000
合计	230,000,000			

X 产品与 Y 产品的成本动因数量如下：

X 产品与 Y 产品的成本动因数量

	X产品	Y产品
设计修改次数	5	25
零件筹集次数	5,000	4,000
检查点总数	80,000（＝4×20,000）	40,000（＝2×20,000）
设备运转小时数	40,000（＝2×20,000）	6,000（＝3×2,000）

利用 ABC 法对每个产品的成本进行计算，结果如下：

ABC 法计算出的成本

	X 产品（日元）	Y 产品（日元）
直接材料成本 / 个	3,000	5,000
直接人工成本 / 个	2,000	3,000
间接生产成本 / 个		
设计修改	200	10,000
零件筹集	1,000	8,000
检　　查	2,600（＝ 4×650）	13,000（＝ 20×650）
其　　他	4,000（＝ 2×2,000）	6,000（＝ 3×2,000）
合　　计	12,800	45,000

注: 设计修改与零件筹集的成本，是根据 X 产品和 Y 产品的成本动因，用金额除以产品数量后计算得出。

设计修改	X 产品	5	×	800,000	÷	20,000	=	200 日元
	Y 产品	25	×	800,000	÷	2,000	=	10,000 日元
零件筹集	X 产品	5,000	×	4,000	÷	20,000	=	1,000 日元
	Y 产品	4,000	×	4,000	÷	2,000	=	8,000 日元

根据上述计算的结果，传统方法和 ABC 法计算出的 X 产品与 Y 产品的单个成本如下：

X 产品与 Y 产品的成本比较

	X 产品（日元）	Y 产品（日元）
传统方法	15,000	23,000
ABC 法	12,800	45,000

比较 X 产品与 Y 产品的成本
并制定对策

接下来让我们比较两种不同算法下的成本结果吧。

大量生产的标准产品 X 的成本按照传统方法为 15,000 日元，而按照 ABC 法计算的话结果为 12,800 日元，减少了大约 15%；而少量生产的特殊产品 Y 的成本按照普通的成本计算方法为 23,000 日元，而按照 ABC 法计算的结果为 45,000 日元，增加了大约一倍。

由此可见，按照传统方法，大量生产的标准产品的成本会比实际情况更高一些。反之，少量生产的产品和特殊产品的成本则比实际情况更低。这是因为大量生产的标准产品往往能够按照特定的方式进行作业，所以效率相对较高，间接生产成本也相对较低。而特殊产品和少量生产的产品因为需要花费更多的时间和精力，所以间接生产成本也相对较高。

那么在这种情况下，Z 社应该如何选择呢？

从产品的角度来说，X 产品使用 ABC 法准确计算后，成本变得更低，所以没什么太大的问题。问题在于 Y 产品，用传统方法，Y 产品每个的成本只有 23,000 日元，而用 ABC 法计算出的成本却变成了 45,000 日元，几乎翻了一倍。如果 Y 产品的价格低于 45,000 日元，就会出现亏损。换了算法后，以前看似有获利的 Y 产品，其实是亏损的。

为了解决上述问题，Z 社必须按照①削减成本、②提高价格、③停止生产的顺序制定对策。首先是削减成本，虽然削减原材料成本和人工成本等直接成本也很重要，但在这里还是应该以削减间接成本为主。间接成本包括设计修改、零件筹集、检查和其他 4 个作业。其中设计的成本动因是设计修改次数，可以通过减少设计修改次数、提高设计效率和将一部分设计共通化的措施来削减成本；零件筹集的成本动因是筹集次数，可以通过提高筹集效率、将使用的零件共通化和标准化、增加每次筹集的数量等措施来削减成本；检查的成本动因是检查点的数量，可以通过提高检查效率、削减检查点数量的措施来削减成本。

如果在削减成本之后也无法保证一定利润的话，就需要考虑提高价格。Y 产品因为是特殊产品，具有一定程度的附加价值，也是有差异化的商品，所以即便提升价格应该也能够被消费者所接受。

如果削减成本已经达到极限，价格也无法继续提升，仍然无法保证一定利润的话，就应该考虑停止生产该产品。

后 话

改变间接成本的分配方法后，各产品的利润也发生了变化

事业部部长宫本在听完财务部部长铃木针对计算间接成本的方法的说明之后，终于理解了业绩核算资料上数字的意义。

间接成本指的是难以明确指出属于哪个产品的成本，在这次的业绩核算资料上，间接成本的计算方法是传统的均摊分配法，所以准确度相对较低。

不过铃木为了更准确地计算出成本，也用 ABC 法计算了一份资料。宫本在看完这份新资料后，发现销量虽然很高，但几乎没怎么增长的

标准产品的成本比之前那份资料计算出的金额更少。而近来销量大幅增加的特殊产品的成本则要比之前计算的结果高出许多。

如果按照这份成本核算表的数字来看的话，各产品的利润就会发生巨大的变化。在对这份新资料的准确度进行确认之后，宫本开始思考今后的产品战略：削减成本、提高价格、停止生产，应该选择哪一个呢？

总 结

▶ ABC 法是将间接成本尽可能准确地分配给各个产品，从而更加准确地计算成本的方法。

▶ ABC 法将生产产品的整个活动分为几项作业，然后分析各项作业的成本动因（与成本相关的数值数据），以此为基础计算出各产品的间接成本。

▶ 多品种少量生产的企业、间接成本占比较高的企业、处于稳定期的企业（产品），以及依赖成本竞争力的企业，都适合采用 ABC 法计算成本。

▶ 在使用 ABC 法时需要注意，①设定成本动因需要花费很多时间和精力，②成本动因的探索与核算都需要消耗成本，而且企业还必须拥有完善的系统，③企业内部必须充分理解导入 ABC 法的目的，并且不能立刻将 ABC 法与人事评估结合在一起，④ ABC 法只是计算成本的方法，企业如果不能将富余出来的人力和物力再次投到事业中，就不能真正实现削减成本的目的。

▶ ABM 法指的是为了提高顾客价值和利润，充分利用 ABC 法获取的信息对生产成本进行管理的方法。

4 如何设定预算？

故 事

设定预算让人心力交瘁，
其他企业都是怎么做的呢？

2022 年秋季的一天，服装生产零售企业 T 社的事业部部长森川却是一副愁眉不展的表情。因为又到了每年制定预算的时候。

每年的这个时候，经营企划部门都会先制定出与下一年度营业收入和利润相关的预算的大体框架。各部门以此为基础，根据现场的状况来设定预算，然后经过多次预算会议的讨论，最终决定具体的预算方案。

T 社属于集中管理型的企业，经营企划部门的预算框架对各事业部来说几乎是强制性的要求，而且在预算会议上也会对各部门提出的预算进行非常详细的询问与讨论，所以各部门每次都需要制作非常详尽的预算资料。

森川所在的事业部中设定预算的负责人因为要在兼顾日常工作的同时制作预算资料，所以每到这个时候都会忙得焦头烂额。作为事业部部长的森川虽然也想做些什么，却一直想不出什么有效的办法，因此每年的这个时候他也会感到心情沉重。

难道就真的没有解决办法了吗？碰巧当天晚上森川约了大学时的好友、如今在某化学行业大型企业中担任经营企划部部长的大林一起吃晚饭，于是他打算到时候和对方稍微交换一些关于预算的信息。

预算的意义、种类与编制方法

预算指的是为了将营业收入和利润等计划付诸实施而订定的综合计划。

比如在一年甚至更短的时间内（半年、三个月、一个月），以损益表为基础制作的预算，就是损益预算。

损益预算首先从营业收入开始，按照损益表的格式，将包括营业成本、营业毛利、营业费用和一般管理费、营业利润等一直到当期净利润的项目的预算全部设定出来。此外，营业费用和一般管理费、营业外损益等促销费、广告宣传费、研究开发费、人工成本、获取利息、支付利息等费用和收益的具体金额也要设定预算。

还有一种预算叫资金预算，是根据现金流变化来制定的。具体来说，就是按照现金流量表的格式，分别设定经营活动、投资活动、融资活动的现金流预算。关于经营活动的部分，有时候也会以现金收入、应收账款的回收、应付账款的支付等对实际现金流的进出情况进行核算的方式来设定。

不仅如此，还有与投资相关的资本预算，主要涉及：设备投资、研发投资、相关企业投资等效果长达一年以上的长期投资。投资什么项目、投入多少金额、分几次投资等也都是资本预算的重点。

在以损益表作为设定预算的基础时，营业收入的增长率和利润率应该根据经济环境、市场环境、过去业绩的推移、竞争企业的业绩、资本成本等因素进行综合的考量。

比如从经济环境、市场环境来看是否处于正常的水平，从过去的业绩来看是否处于合理的范围，与竞争企业的业绩相比是否存在不合理的地方，是否能够满足投资者的期待等，设定的预算必须尽可能符合上述的要求。

预算对于经营者和管理者有着不同的意义。

对于经营者来说，设定预算具有以下的意义：

让经营者有机会思考当前的经营环境和未来应该执行的方针。
通过设定预算将权限转交给管理者。
使经营者能够更加专心于企业整体的经营。

对于管理者来说，参与设定预算具有以下的意义：

明确为了达成企业的目标自己需要做些什么。
加深对其他部门的理解。
明确业绩评估的基准，自己能够进行分析和管理。

一般情况下，利用预算进行目标管理的步骤如下：

①设定预算"计划"。
②为了确定预算，在总部与现场之间进行"协调"。
③统计实际情况，与预算进行比较和分析，然后进行改善"统筹"。

其中"统筹"曾经被认为是最重要的步骤，但最近人们愈发地认识到"计划"的重要性。

预算的编制方法大体上分为两种。

第一种是由经营者决定预算，现场按照预算执行的"分配预算"。

这种方法虽然能够反映出经营者的决策，但得不到现场理解的话，就很难调动起现场员工的积极性。

第二种是现场根据实际情况设定预算，然后以此为基础核算出整体的"累积预算"。

这种方法虽然能够反映出现场的状况，但可能出现预算数字过于宽松的情况。

因此，最好的办法是将这两种设定预算的方法结合起来的"折中型预算"。

首先由经营者制定大体的预算框架，然后现场根据这个框架申报自己的预算，最后由预算委员会进行调整。

这种方法能够促进组织整体的交流，提高现场对预算的参与感。日本企业普遍采取的都是这种方法。

编制预算需要注意三点

首先是预算期间的修正。预算是为了在一定期间内达成营业收入与利润目标而制订的计划，所以一般情况下不应该贸然对其进行修正。

但在发生金融危机等巨大变化的情况下，之前设定的预算就会失去意义，最好及时地对其进行修正。对于是否应该进行修正、应该如何进行修正，以及修正的程度等问题都需要审慎评估。

其次是将预算的完成度与报酬、晋升等奖励机制结合起来。这样做能够提升员工的工作积极性，使预算目标能够更加顺利地实现。

此外，像营业收入和利润等预算数值，应该将各部门能够达成的最高业绩作为目标。

这样一旦出现实际数字没有达到预算目标的情况，就可以根据差值的多少来对目标数值的合理性进行分析：

如果预算设定的数值过高，使人感觉无法实现，可能会导致员工的工作积极性下降。

如果预算设定的数值过低，使人感觉轻松就能达成，可能会导致员工不全力以赴。

这种过高或者过低的设定预算数值被称为预算偏差。在预算偏差过大的情况下，预算就会失去原有的意义。因此，设定的预算值一定要在各部门能够接受的范围之内。

超越预算模型
——解决传统预算管理的弊端

很多企业都会用预算进行管理，然而传统的预算管理系统存在许多弊端，有不少人提出了解决方法，其中最有代表性的就是超越预算模型（Beyond Budgeting Model）。

这是由 1998 年 1 月成立于英国的 BBRT（Beyond Budgeting Round Table：超越预算圆桌会议）以希望废除传统预算管理系统的多家企业的事例为基础提出的模型。

BBRT 首先指出了传统预算管理系统存在的四大弊端：

• 花费大量时间和成本设定预算，却没有创造出应有的价值。

• 预算使企业无法根据环境的变化采取灵活的应对措施。设定预算的时间比实际执行预算的时间早很多，导致预算不切实际。

• 在预算与报酬相结合的情况下，可能出现为了获得更多的报酬而谎报预算数值，以及利用权力设定有利于自身的预算等情况。比如为了使预算更容易达成，利用自身的权力来进行干涉，或者在还差一点就能达成预算目标的情况下，进行强买强卖等行为。

- 只关心短期的预算目标，而忽视了长期的组织能力构筑。

为了解决传统预算管理系统存在的弊端，BBRT 提出了以下的解决方案：

① 设定目标

从客观的角度出发，将各部门在一切顺利的情况下所能取得的最高业绩设定为目标。同时**将目标与人事评估和报酬评估分离**，避免部门内部通过交涉对目标进行调整的情况出现。

另一方面，人事和报酬的评估不能以事前决定的固定数值为基准，应该将同行业其他企业过去的业绩作为基准。这样即便在环境出现变化的情况下也能进行滚动式调整。

② 评估报酬

以整个组织、集团、团队等为基础，**进行相对的评估，比如与同行业的其他企业或企业内的其他事业部过去的业绩进行比较，然后进行评估，决定报酬**。这样即便在环境出现变化的情况下也能准确地反映出各部门和团队的实际情况，使评估报酬更加准确。

③ 制订计划

以一年为单位制订的计划，不一定与战略执行周期、经济或商业活动循环的周期相符。

因此采用不停地制订计划的滚动方式，可以提高计划的更新频率和准确度。这样不但可以根据环境的变化制订相应的计划，还能够不断地为顾客和股东提供价值。

④ 配置资源

利用 KPI（Key Performance Indicator：关键绩效指标），根据环境

的变化情况对资源重新进行分配，从而消除浪费。

⑤ 协调行动

为了快速回应顾客的需求，应建立横跨各部门的行动机制。

⑥ 管理绩效

在建立起更有效的统筹机制的同时，活用 KPI 管理绩效。

从上述**变化适应型流程**的内容来看，超越预算模型包括与其他竞争企业和企业内部其他部门进行比较的**标杆分析法**、在一定期间内不断地进行预测的**滚动预测法**、活用 KPI 的**平衡记分卡**、重视资源再分配与顾客价值的 **ABC 法和 ABM 法**等要素。

由此可见，将管理会计的工具与预算相结合，能够使预算变得更有意义。

此外，**超越预算模型对传统预算管理系统的批判，对象并非预算管理的系统，而是其错误的使用方法。**

因为在剧烈变化的环境中，传统的预算管理系统无法发挥应有的效果，所以超越预算模型作为一种应对的方法才应运而生。

也就是说，前文中介绍的变化适应型流程适合那些处于变化剧烈的环境中、事业存在较高不确定性的企业。

迪思科
——环境变化剧烈的事业的业绩管理

迪思科（DISCO）是一家从事精密仪器生产、销售的企业，凭借压倒性的市场占有率维持着较高的收益率。迪斯科处于环境变化剧烈的半导体行业，所以是适合引入超越预算模型的。事实上在迪思科的经营管理制度中，确实存在许多符合变化适应型流程的地方。接下来让我们具体看一下。

在迪思科 1997 年提出的 DISCO VALUES（迪思科的价值观）中，不但设定了企业的发展方向和企业理念，还对两百多个项目给出了明文的规定。同时，迪思科也建立起了让这些理念在企业中共享和渗透的制度，使组织的每个成员都拥有统一的判断标准，并以此为基础开展权限的委任。

权限委任的基础之一，是一个名为 Will 的会计管理系统。这个系统是由京瓷的阿米巴系统发展而来，主要用于设定业务相关的一切事项的金额（企业业务的收入、人工成本和设备成本的支出等），以及管理部门的预算。

从 2011 年开始，迪思科还建立起了让 Will 会计管理系统落实到每个成员身上的体制，通过将工作内容可视化，使成员能够对自己的工作进行管理。

Will 会计管理系统除了区分固定成本和变动成本之外，还提出了意志成本的概念。所谓意志成本，指的是因为企业的意志所产生的成本，比如加班费、差旅费、接待费等。当收益恶化的时候，通过削减意志成本就可以保证利润率。

如果成员做出了对组织整体的利益有负面影响的行为（比如营业员对顾客的要求言听计从，擅自调整了产品规格，导致需要重新进行设计和生产），那么相应的组织和个人就会被处以罚款。反之，如果成员做出了对组织整体的利益有贡献的行动，则会给予相应的奖励，这被称为"Will 奖金"。

通过这个系统，成员可以根据自己的实际情况来选择工作和工作方法，使生产效率得到了大幅度的提升。

除此之外，迪思科还导入了改善业务的活动 PIM（Performance Innovation Management：绩效创新管理）。这是根据业务中获得的经验来设定目标值、提出改善方案，并且在短时间内加以执行的体制。

面对剧烈变化的环境，迪思科提出了求质不求量的目标。具体表现为不追求营业收入和市场占有率的增长，而是以 4 年累计提升 20% 利润率为目标（2018年 3 月期）。同时迪思科还以顾客满意度和员工幸福指数为目标。

在上述的体制中，以连续 4 年的利润率为运营目标、不拘泥于年度计划、活用顾客满意度等 KPI 指标、及时回应顾客需求，以及创造灵活应对环境变化的 Will会计管理系统等，都是与变化适应型流程相符的体制。对处于剧烈变化的环境中的企业来说，这些体制显得尤为重要。

有必要对自家企业的
预算体制进行调整

大林向森川介绍了自家企业设定预算的方法，森川发现两家企业设定预算的方法存在着非常大的差异。大林的企业在设定预算时，虽然以总部的意见为主，但也会大量听取现场的意见。

而且除了以损益表为中心的财务预算之外，相关的顾客满意度、回购率、新顾客增加率等数值也设定了相应的预算。

大林还说，他所在的企业从两年前开始，就采用滚动预测的方法，每季度都设定未来 15 个月的预算。尽管这样做会在一定程度上加重员工的负担，但为了更有效地提高营业收入与利润，以及能够灵活应对环境变化，这种体制从整体上来说是利大于弊的。

听完大林的介绍，森川认为自家企业的预算体制也有必要调整。等有机会的时候，一定要向社长室室长北川提出这个问题。

总 结

▶ 预算指的是为了将营业收入和利润等计划付诸实施而制订的综合计划。具体包括以损益表为基础的损益预算、以现金流为基础的资金预算、与投资相关的资本预算等。

▶ 预算管理分为"计划""协调""统筹"三个步骤，近年来"计划"的重要性愈发明显。

▶ 设定预算的方法有自上而下的分配型、自下而上的累积型以及两者兼顾的折中型，日本企业大多采用的是折中型。

▶ 在设定预算时需要注意，不能贸然地对目标进行修正，尽量不要与人事和报酬评估相结合，设定的目标最好与现场能够接受的范围相符，不能过高也不能过低。

▶ 超越预算模型是对预算的课题进行改善的方法。这是面向处于剧烈变化的环境中的企业提出的变化适应型流程，企业需要将包括标杆分析法、滚动预测法、KPI 的平衡记分卡、ABC 法和 ABM 法等思考方法灵活地应用于预算中。

5 ROE、ROIC······
应该选哪一个?

故 事

应该选择哪个指标作为财务目标,
目标水准应该如何设定?

在医疗设备生产、销售企业 K 社担任经营企划部部长的宫本正在思考前几天中期经营计划会议上提出的财务目标。大家在会议上围绕财务目标的设定展开了相当激烈的讨论。

有人提出,最近很多企业都将 ROE 作为财务目标,所以我们也应该这样做;有人提出,将提高营业利润率作为财务目标;还有人提出,某著名大学教授在演讲时推荐了 ROIC,我们是否可以尝试一下。因为大家各执一词,所以讨论了很久也没有得出最终的结论,于是众人决定在下一次的会议上继续讨论。

宫本作为这个项目的负责人,为了保证项目按整体的时间表顺利推进,必须在这个月内将财务目标确定下来。但从目前的情况上来看,下一次的会议恐怕也很难得出最终的结论。于是他决定先由经营企划部提出一个方案,然后在下一次的会议上围绕这个方案进行讨论并做出决定。关于这份方案,他还希望得到一些外部的建议。于是宫本给大学时期的同学、如今在某大型管理顾问公司担任领导的三科打了个电话。

财务目标的选择与渗透

要想设定合适的财务目标并且将其渗透进企业中，必须注意以下几点：

① 选择与目标方向相一致的财务目标

财务目标必须与企业的目标方向相一致。

比如企业目标是提高股东重视的投资效率，那就应该选择 ROE（Return on Equity：净资产收益率）。

如果企业目标是提高事业的投资效率，那就应该选择 ROA（Return on Assets：资产收益率）。

此外，如果企业目标是保证利润大于资本成本（WACC），那就应该选择便于同 WACC 进行比较的 ROIC（Return on Invested Capital：资本回报率）。

作为 ROE、ROA、ROIC 重要组成要素的营业利润率，有时候也会被作为追加的财务目标。

这是因为 ROE、ROA 的水准与营业利润率之间存在着非常紧密的联系。

为了提高资产的效率，以压缩应收债权和存货资产等营运资本为目标的情况下，应该选择缩短 CCC（Cash Conversion Cycle：现金循环周期）。

如果以实现规模增长为目标，应该选择营业收入、营业利润的金额作为财务目标。

如果财务安全性较低的话，为了提高财务安全性，也可以设定与安全性相关的财务目标。

比如为了将贷款和公司债券等借贷资金（Debt）控制在一定程度，可以选择负债股权比率。

如果以事业产生的现金流有余力偿还 Debt 的状态为目标，可以选择意味着偿还年数的 Debt 营业现金流倍率（Debt÷经营活动的现金流）。

如果以拥有足够偿还 Debt 的现金为目标，可以选择以现金流为正数或者达到一定金额作为财务目标。

在上述财务目标中，具体应该选择哪一个，以及应该设定怎样的目标水准，是由企业所处的状况决定的。

对于正在从严峻的财务状况中恢复的企业来说，安全性的目标、利润率与利润额等与盈利相关的目标都非常重要。至于目标水准只要和行业平均水准相同即可。

如果企业处于超出平均水准的上升期，则应该设定与改善相关的目标和更高的目标水准。

对于**已经达到优良水准的企业**来说，为了继续维持当前状态，可以**设定将利润率、CCC、ROE 和 ROA 等关键目标维持在当前水平的财务目标**，如果还需要继续成长，可以**追加设定成长目标**。

② 设定财务目标数量和目标水准

设定财务目标数量并没有统一的标准。但就像 ROE 和 ROA 体现不出规模的增长一样，只用一个财务目标很难公允地看出企业未来应该努力的方向。

因此，企业**通常会将多个财务目标组合在一起使用**。

比较常用的是设定**三个财务目标**，但为了更加彰显企业未来着重的方向，也可以适当地增加一两个。

关于财务目标水准，一般情况下可以设定在"有实现的可能，但比较困难"的等级，也就是常说的"最佳成果"。

但对于像 ROE、ROIC 等需要高于资本成本的数值，**资本成本就是最低标准**。具体来说，ROE 的最低标准就是股东期待和要求的股权资本成本，ROIC 的最低标准则是资金提供者期待和要求的 WACC。

ROA、营业利润率、CCC 等可以根据过去的实际情况，选择与同行业和采用同类型商业模式的企业中状态较好的企业相同的水准。

关于安全性的目标，因为不同行业的财务数值存在很大的差异，所以最好选择同行业中安全性较高的企业作为比较的基础。

③ 在企业内部的展开

将财务目标在企业内部展开的时候，为了让整个企业都能够实现目标，最好设定希望各部门达成的目标，以及各部门能够控制的目标。

比如为了实现整个企业的成长目标，需要将提高营业收入和营业利润的目标包含在各部门的目标之内。

比如为了提高整个企业的资产投资效率，除了设定企业整体的 ROA 目标之外，还要给各部门设定 ROA 目标。

不过，有些指标并不适合同时设定给各个部门。

比如**将 ROE 作为整个企业的财务目标时，就不能给各部门也设定 ROE 目标**。因为设定 ROE 目标，需要统计作为分母的自有资本（相当于净资产）和当期净利润。但这两个数字很难准确且公平地分配到各个部门的头上。如果强行让各部门进行统计，数字可能无法准确地反映出实际情况，导致各部门产生出不公平的感觉，影响各部门的工作积极性。

而且为了提高 ROE，关键在于提高作为分子的当期净利润和减少作为分母的自有资本，但这两项都不是各部门有能力改变的，所以这是一个对于各部门来说非常难以实现的目标。

在这种情况下，**可以给各部门设定与 ROE 具有较高相关性的 ROA 目标**。ROA 是与 ROE 具有相同方向性的财务目标，为了提高 ROA，需要压缩作为分母的总资产，提高作为分子的利润，这些都可以通过缩短应收账款回收周期、减少存货、提高设备投资效率、避免降价促销、削减成本等具体的手段来实现，即便是各部门也能够完成。

由此可见，设定各部门能够完成的目标非常重要。从这个角度来说，营业利润率和 CCC 也是与各部门的业务有直接关系的目标，可以作为各部门的财务目标使用。

此外，营业收入增长率、ROA、营业利润率、CCC 等目标水准会随着行业的不同而发生变化，因此各部门的目标水准最好参考同行业其他企业的状况来进行设定。

与安全性相关的财务目标，应该以企业整体的方式达成，所以一般情况下不必开展到各部门。

也就是说，**安全性的财务目标由企业整体设定，与业绩相关的成长、投资效率和利润率等目标按照部门分别设定。**

财务目标在企业内部的展开，与各组织和组织内部团队的定位也有一定的关系。关于组织的定位，大致上可以分为收入中心、成本中心、利润中心和投资中心。

收入中心是负责完成营收目标，以营收目标的完成情况作为评估基准的组织。营业部门属于收入中心。

成本中心是负责完成成本目标，以将成本控制在目标范围之内作为评估基准的组织。工厂和管理部门等属于成本中心。前文中提到过的负责集团全体管理业务的共享服务部门一般被定位为成本中心，如果同时为外部企业提供服务的话就会变成利润中心。

利润中心是负责提高营收、压低成本以及创造利润，以利润目标的达成情况作为评估基准的组织。营业部门和事业部门等都属于利润中心。

投资中心负责成本、利润、资本预算、投资收益等目标的完成，是以投资效率的达成情况作为评估基准的组织。事业部门有时候会被定位为投资中心。

关于企业中各组织的定位，是由企业想要达成的目标和各组织的职责决定的。

比如为了让营业部门提高营收，就应该将其定位为收入中心。

希望工厂和管理部门提高削减成本的意识，就将其定位为成本中心。如果希望工厂和事业部门以提高利润为头等要务，则可以将其定位为利润中心。

在希望事业部门提高投资效率的情况下，可以将其定位为投资中心。

综上所述：

收入中心应该以营业收入和营业收入增长率作为财务目标。

成本中心应该以成本削减率作为财务目标。

利润中心应该以营业利润额和营业利润率作为财务目标。

投资中心应该以 ROA、营业利润率和 CCC 作为财务目标。

④ 渗透与共享

将财务目标在组织中共享，加深成员的理解，有助于提高财务目标的达成率。

为了让组织成员理解财务目标的意义，将财务目标在组织中共享，可以采取研修和反复强调等方法。

比如某业绩优良的企业，社长会在每年举办多次的高层会议和员工大会上反复地强调企业的经营理念、价值观，以及财务目标的意义。在不断重复的过程中，这些信息就会逐渐渗透进整个组织，使每个人都认识到其重要性。

在设定目标时，不能只提出 ROE 要达到百分之几，ROA 要达到百分之几，而是要将这些重要的财务数值进行分解，比如设定营业利润率达到百分之几、CCC 削减到多少天等具体的数值目标。

关于 ROIC

最近很多企业都开始将 ROIC（Return on Invested Capital：资本回报率）设定为财务目标。

这是外部投入资本 Debt（借贷资金）和 Equity（股东资金）与利润之间的比率。在这种情况下，因为盈利就是实际的利润，所以需要使用扣除税金后的盈利 NOPAT（Net Operating Profit After Tax：税后净营业利润）。NOPAT 的计算公式如下：

$$NOPAT \ = \ 营业利润 \ \times \ （1 \ - \ 实际税率）$$

以此为基础的 ROIC 的计算公式如下：

$$ROIC \ = \ \frac{NOPAT}{（Debt \ + \ Equity）}$$

ROIC 是以资金提供者投入的资本为基础，计算事业投资效率的比率，而 WACC 是资金提供者（股东和银行等）期待的盈利与投入资本之间的比率。因为两者都是以投入资本为基础，所以完全可以进行对比。

因为 ROIC 是能够判断每年的业绩是否高于资本成本的财务指标，所以对于重视资本成本的经营者来说，可以将 ROIC 设定为财务目标。用营业收入分别乘以 ROIC 的分母和分子，可以将 ROIC 分解为以下的公式：

$$ROIC \ = \ \frac{NOPAT}{营业收入} \ \times \ \frac{营业收入}{（Debt \ + \ Equity）}$$

这个公式还可以更进一步分解为多个财务数值，有些企业就利用这个 ROIC 树对目标进行分解，从而把握企业的整体状况，进而做出相应的改善。

如果能够准确地把握投入资本在各部门的分配情况，也可以将 ROIC 开展到各个部门中。这样就可以将资本成本的意识渗透进整个组织中，进而提升组织效能。

案 例

Recurit 和花王的财务目标

Recurit

海外事业顺利展开的 Recurit 控股在 2019 年 3 月期设定了以下 3 个财务目标：

- 调整后的 EPS 年平均增长率与 2019 年 3 月期相比提高 5 ～ 10 个百分点。
- 调整后的 EBITDA，必须考虑投资与利润增长的平衡，每期设定。
- ROE 达到 15%。

> 注：调整后的 EPS（调整后每股收益）＝调整后的当期利润／（期末发行股票总数－期末自有股数）。调整后的当期利润＝归属母公司股东的当期利润 ± 调整项目（不包括归属非控股股东的部分）± 调整项目的税金相当额。调整项目是企业合并产生的无形资产的出售金额 ± 非经常损益。

调整后的 EBITDA＝营业利润＋折旧费（不包括使用权资产的折旧费）±其他营业收入和费用。

关于调整后的 EPS，Recurit 一直强调的都是重视提高股东价值。而关于 EBITDA 增长率，Recurit 的目标是通过积极的收购等投资实现长期的利润增长。针对不同的事业，Recurit 以 EBITDA 利润率（EBITDA/营业收入）为基础，在日本国内以维持媒体和服务事业的高水平为目标，海外事业则以持续改善为目标。除此之外，还设定了股东比较关心的 ROE 目标。

此外，不同的事业有不同的 EBITDA 利润率目标，还分成继续保持与需要改进的这点，不仅可以彰显企业重视各部门的投资效益，更不失为精细合理的做法。

花王

花王在 2018 年 12 月期的时候，采用 EVA 作为经营指标。关于具体的财务目标，花王则分别设定了到 2030 年为止的长期目标和到 2020 年为止的中期经营计划。其内容如下：

- 到 2030 年的长期目标
  营业收入超过 2.5 万亿日元（海外 1 万亿日元）
  营业利润率超过 17%
  ROE 超过 20%
- 到 2020 年的中期经营计划（从 2017 年开始的 4 年）
  收益持续创新高
  实际营业收入 CAGR（复合年均增长率）＋5%
  营业利润率 15%
  营业收入 1,000 亿日元的品牌 3 个

（婴儿纸尿裤"妙而舒"、服装洗涤剂"洁霸"、护肤品"碧柔"）

股息支付率 40%

通过上述内容可以看出，花王的中期计划和长期计划，都设定了与成长相关的规模目标，以及与收益性和投资效率相关的目标。对处于实际无欠款状态、财务安全性极高的花王来说，这是既能够保证高收益和投资效率，又能持续取得成长的平衡性财务目标。

案 例

贝亲的财务目标和 PVA 树

主要以婴幼儿用品为中心展开事业的贝亲，跟花王一样，采用 PVA（Pigeon Value Added：贝亲附加值）的 EVA 指标来设定财务目标，同时它也利用 ROE、ROIC 等来设定财务目标。

比如在 2019 年 1 月，贝亲提出了到 2020 年 1 月 ROE 达到 22% 以上，ROIC 达到 20% 以上的目标。与此同时，贝亲还分别以金额为基础和以百分比为基础制作了 PVA 树。

贝亲的 PVA 树① （2019 年 1 月期　全社合并）

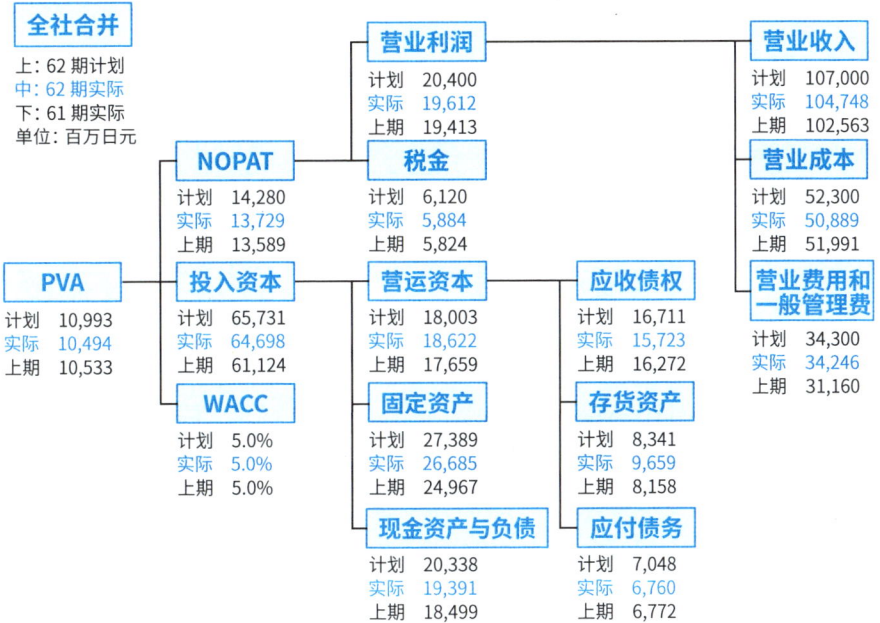

全社合并
上：62 期计划
中：62 期实际
下：61 期实际
单位：百万日元

PVA
计划　10,993
实际　10,494
上期　10,533

NOPAT
计划　14,280
实际　13,729
上期　13,589

投入资本
计划　65,731
实际　64,698
上期　61,124

WACC
计划　5.0%
实际　5.0%
上期　5.0%

营业利润
计划　20,400
实际　19,612
上期　19,413

税金
计划　6,120
实际　5,884
上期　5,824

营运资本
计划　18,003
实际　18,622
上期　17,659

固定资产
计划　27,389
实际　26,685
上期　24,967

现金资产与负债
计划　20,338
实际　19,391
上期　18,499

应收债权
计划　16,711
实际　15,723
上期　16,272

存货资产
计划　8,341
实际　9,659
上期　8,158

应付债务
计划　7,048
实际　6,760
上期　6,772

营业收入
计划　107,000
实际　104,748
上期　102,563

营业成本
计划　52,300
实际　50,889
上期　51,991

营业费用和一般管理费
计划　34,300
实际　34,246
上期　31,160

贝亲的 PVA 树② （2019 年 1 月期　全社合并）

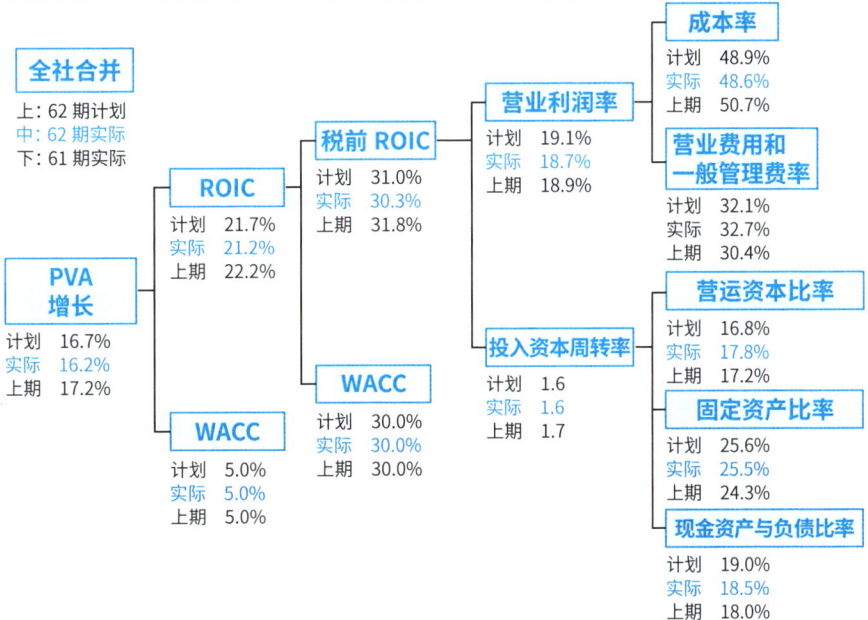

全社合并
上：62 期计划
中：62 期实际
下：61 期实际

PVA增长
计划　16.7%
实际　16.2%
上期　17.2%

ROIC
计划　21.7%
实际　21.2%
上期　22.2%

WACC
计划　5.0%
实际　5.0%
上期　5.0%

税前 ROIC
计划　31.0%
实际　30.3%
上期　31.8%

WACC
计划　30.0%
实际　30.0%
上期　30.0%

营业利润率
计划　19.1%
实际　18.7%
上期　18.9%

投入资本周转率
计划　1.6
实际　1.6
上期　1.7

成本率
计划　48.9%
实际　48.6%
上期　50.7%

营业费用和一般管理费率
计划　32.1%
实际　32.7%
上期　30.4%

营运资本比率
计划　16.8%
实际　17.8%
上期　17.2%

固定资产比率
计划　25.6%
实际　25.5%
上期　24.3%

现金资产与负债比率
计划　19.0%
实际　18.5%
上期　18.0%

贝亲的 PVA 树③（2019 年 1 月期　全社合并）

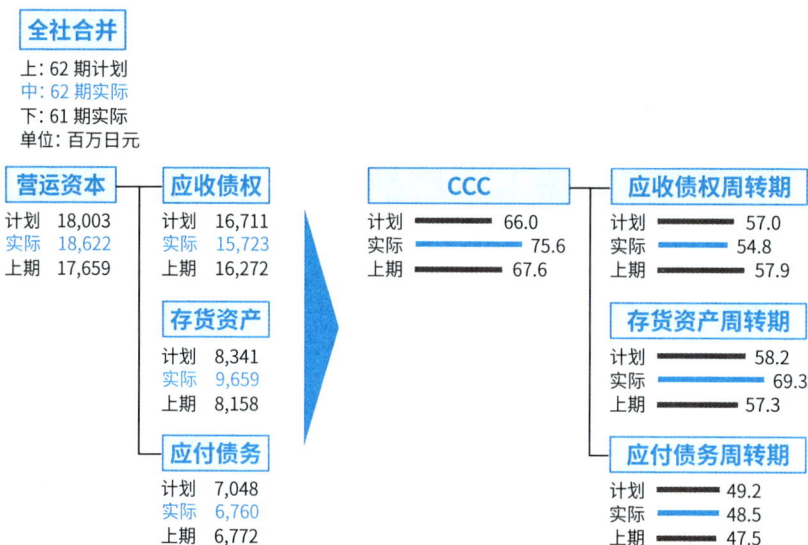

全社合并

上：62 期计划
中：62 期实际
下：61 期实际
单位：百万日元

营运资本		**应收债权**
计划	18,003	计划　16,711
实际	18,622	实际　15,723
上期	17,659	上期　16,272

存货资产

计划　8,341
实际　9,659
上期　8,158

应付债务

计划　7,048
实际　6,760
上期　6,772

CCC

计划　66.0
实际　75.6
上期　67.6

应收债权周转期

计划　57.0
实际　54.8
上期　57.9

存货资产周转期

计划　58.2
实际　69.3
上期　57.3

应付债务周转期

计划　49.2
实际　48.5
上期　47.5

注：自 2017 年 1 月起，计算 PVA 时，采用资产负债表项目的数据为每一期期初与期末的平均值。
出处：贝亲 2019 年 1 月期决算说明会。

　　由此可见，将财务目标分解有助于更详细地把握企业状况，有助于对企业进行更加准确的管理，使整个企业朝着更好的方向发展。贝亲的模式可以看作是充分利用 ROIC 等财务报表设定财务目标的典型。

后 话

ROIC 有助于
提高企业的资本成本意识

　　经营企划部部长宫本在听完三科的说明之后，心中逐渐有了答案。
　　为了提高企业内部的资本成本意识，同时向外界传达企业重视资本成本的态度，将 ROIC 设定为财务目标似乎是一个很好的选择。此处，为了让企业内部有更加具体的目标，可以将 ROIC 树、营业利润率和 CCC 等作为目标追加进来。

因为规模增长也很重要，所以还需要设定营业收入目标。这样可以在一定程度上保证 ROE。宫本打算在下一次的会议上提出这个方案，于是开始整理具体的细节。

总 结

▶ 设定财务目标时，需要注意①选择与目标方向相一致的财务目标，②可以设定多个目标，目标水准最好设定为"有实现的可能，但比较困难"的程度，③在企业内部展开时，需要分解为更具体的目标，并且保证目标在各部门的可控范围之内，④可以通过研修和反复强调的方式来加强财务目标在企业内部的渗透和共享。

▶ 组织的定位，分为以营业收入为目标的收入中心、以控制和削减成本为目标的成本中心、以利润为目标的利润中心，以及以投资效率为目标的投资中心。组织的定位相当于给组织传达了一个目标的信号，同时组织的定位也应该与企业整体的目标和各部门的目标方向相一致。

▶ ROIC 是以资金提供者投入的资本为基础，计算事业投资效率的比率，而 WACC 是资金提供者（股东和银行等）期待的盈利与投入资本之间的比率。因为两者都是以投入资本为基础，所以完全可以进行对比。对于想要提高资本成本意识的企业来说，ROIC 是非常合适的财务目标。

6 KPI 应该如何设定?

故 事

如何选择适当的 KPI?

家庭用品生产、销售企业 N 社的事业部部长田边,回忆起上午经营扩大会议上分管财务的副社长说过的话。副社长提出,因为从下一年度开始各部门都要设定 KPI,所以希望各部门能够在下个月的会议之前提出 KPI 的设定计划。

副社长还说,KPI 可以是与财务相关的数字,但也希望考虑一些与财务没有直接关系却非常重要的数值。除了反映结果的指标之外,一些前期指标也可以考虑。此外,关于 KPI 的数字虽然没有严格的要求,但初期讨论阶段最好能提出 5 个备选项。

田边所在的事业部,之前一直将营业收入增长率、利润率、存货资产周转期、新产品的营收占比等设定为 KPI。田边对 KPI 虽然有一些了解,但并不充分。而且对于副社长提到的与财务没有直接关系的重要数值和前期指标,具体指的是哪些指标,田边是一点头绪也没有。

带着心中的疑问,田边给负责 KPI 项目的社长室室长大野发了一封邮件。

KPI 的意义

KPI 是 Key Performance Indicator 首字母的缩写，翻译过来叫作**关键绩效指标**。这是对企业的业绩目标的达成情况进行评估的重要指标，已经被越来越多的企业所采用。

很多企业都将营业收入、营业利润率、ROE 等表示业绩结果的财务指标当作 KPI 来使用。但实际上，**KPI 也可以是：**

为了实现财务目标，必须完成的关键步骤或流程。

比如在营业领域，顾客访问数量、计划生产数量、订单率、平均订单金额、新顾客获得数量、回购率、营业收入增长率、营业负责人平均营业收入、顾客平均消费额等都是很重要的 KPI 指标。

因为在营业领域最重要的目标是营业收入，所以与之相关的表示重要流程状况的数值就可以作为 KPI 的备选项。

在生产领域，运转率、人均生产率、多能工比率、不良率、事故发生率、生产线停止次数等也可以作为 KPI 的备选项。因为在生产领域，削减成本、保证品质、按期交货等都是非常重要的目标。

从某种意义上来说，KPI 能够将企业重要的活动状况"可视化"，企业通过把握这些状况来采取相应的对策。因此，不同的业务领域或不同的事业内容，所需设定的 KPI 各不相同。

像呼叫中心、物流公司、互联网相关企业等业务相对定型化，业务数据也比较容易统计的行业，最适合导入 KPI。

在选择 KPI 时，应该选择对企业的业绩有重要影响，并且与业绩之间存在因果关系的指标。

曾经有某企业为了提高顾客满意度，将"接起顾客打来电话的响应时间"设定为 KPI。因为这家企业不管是接受订单还是回答顾客提出的问题，基本上都通过电话来进行，所以该企业认为尽快接听顾客打来的电话就能够提高顾客满意度。

设定了这个 KPI 之后，有一个事业部将平均接听电话的时间降低到
1 秒钟之内，为了将这个了不起的成果普及到整个企业，财务部门向该
事业部的负责人询问都采取了哪些具体的措施，结果发现该部门为了缩
短响应时间，采用了增加兼职员工数量、管理负责人优先应对电话业务
等措施。

这样做虽然确实缩短响应时间，却增加了运营成本，而且使部门的
正常业务受到影响，最终反而导致营业收入与利润下降。

由此可见，组织内的个人和团队都会采取与评估目标相一致的行
动，所以作为评估基准的 KPI 一定要指向真正应该前进的方向。

此外，由于 KPI 属于数值数据，所以应该尽可能创建一个能够轻松
获取数值的环境，在设定具体的数值目标时，最好设定在"有实现的可
能，但比较困难"的程度，这样更有利于取得成果。

BSC 的意义
以及与 KPI 的关系

BSC 是 Balanced Score Card 首字母的缩写，翻译过来叫作平衡
记分卡。

BSC 作为企业理念和战略的出发点，将实现理念与战略的具体战
略目标分为 4 个要素，并在此基础上设定与战略目标相关的评价指标，
根据数值的水准与变化情况对理念和战略的达成状况进行管理（图表
3—5）。

这 4 个要素分别是：

① 与财务目标相关的财务要素。

② 与顾客关系相关的顾客要素。

③ 与企业内部业务状况等相关的内部运营要素。

④ 与组织的活性化和员工能力及工作积极性相关的学习与成长要素。

图表 3—5　平衡记分卡（BSC）的概念图

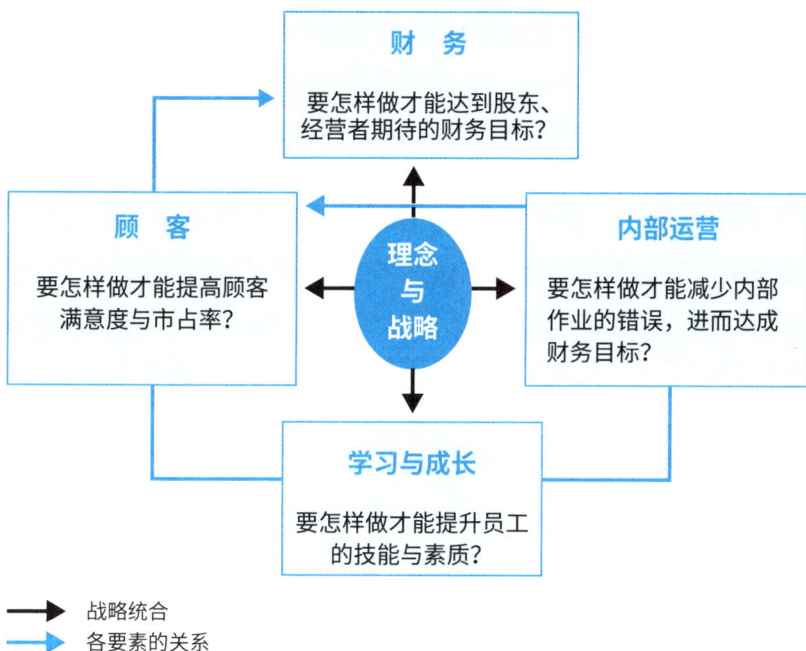

这 4 个要素之间也存在因果关系。

具体来说，与组织和员工的状况相关的**学习与成长要素如果处于良好状态**，则与顾客关系相关的顾客要素和与企业内部业务状况相关的内部运营要素的状态也都会随之改善。

此外，与企业内部业务状况相关的**内部运营要素处于良好状态**，则与顾客关系相关的顾客要素也会随之改善。

如果**顾客要素处于良好状态**，则与财务目标相关的财务要素也会随之改善。

对于不同的要素，首先要设定符合整体的理念和战略的具体战略目标，然后选择与之相关的评价指标。

比如在财务要素中提出实现规模增长的战略目标，就应该将营业收入增长率作为评价指标，如果提出提高股东价值的战略目标，则应该将 EVA 和 ROE 作为评价指标。

如果在顾客要素中提出提高顾客满意度的战略目标，就应该将顾客满意度指数作为评价指标，如果将开拓新顾客作为战略目标，则应该将新顾客的数量作为评价指标。

BSC 之所以被称为"平衡记分卡"，是因为其作为一个评价指标，其中既包括财务指标，也有与财务没有直接关系的非财务指标，因此做到了财务指标与非财务指标的平衡。此外，在设定战略目标和评价指标来进行管理的 4 个要素中，既有与短期成果相关的"财务要素"和"顾客要素"，也有与中长期成果相关的"内部运营要素"和"学习与成长要素"，做到了短期与中长期的平衡。

尤其是与中长期成果相关的两个要素，使得采用 BSC 进行管理的企业在中长期的阶段中也能够取得成果，保证将良好的状态长期地持续下去，具有非常重要的意义。

一般来说，评价指标最好设定在 20 个左右最为合适。但在实际操作中也要考虑到各部门负责人的管辖范围，根据实际情况进行设定（图表 3—6）。

为了更加切实地取得财务上的成果，财务要素最好占评价指标的 60% ～ 70%。

BSC 最早是由美国哈佛商学院的教授罗伯特·S. 卡普兰和经营管理顾问大卫·P. 诺顿共同开发的一种绩效管理和绩效考核的工具。

图表 3—6　4 个要素的评价指标示例

财务要素	内部运营要素
· EVA　　　　　 · 营业利润率 · ROA　　　　　 · 成长性 · ROE　　　　　 · 市场份额增加 · 现金流	· 按时交货率　　 · 生产效率 · 不良品率　　　 · 顾客接待时间 · 成品率　　　　 · 投诉应对时间

顾客要素	学习与成长要素
· 顾客满意度指数　　 · 按时交货率 · 新产品的营收占比　 · 投诉发生次数 · 特色商品的营收占比 · 主要顾客购买金额的营收占比 · 主要顾客眼中的本企业排行 · 有合作关系的顾客数量	· 新产品开发所需时间 · 新产品的销售比率 · 员工意识 · 员工提案次数 · 员工稳定率 · 员工满意度指数

　　21 世纪初，BSC 的概念在日本非常流行，很多企业都导入了 BSC 进行管理，但后来继续坚持使用 BSC 进行管理的企业越来越少。

　　放弃 BSC 的企业大多是因为在实际应用中很难选定与战略具有因果关系的评价指标。不过这些企业即便在放弃 BSC 之后，也仍然保留了一部分重要的评价指标继续使用，这也给日本企业导入 KPI 带来了一定的帮助。

　　从与战略具有因果关系的角度选择对企业比较重要的 KPI 的意义上来说，BSC 的思考方法今后还有很大的应用空间。

EVA 的意义
以及与 KPI 的关系

EVA 是 Economic Value Added 首字母的简写，翻译过来叫作经济附加值。这是计算企业通过事业产生的盈利，与股东、银行、公司债券持有者等资金提供者期待的盈利水准相比超过多少，以此对业绩进行评估的指标。具体的计算公式如下：

EVA ＝ NOPAT － （Debt ＋ Equity） × WACC
注：NOPAT ＝ 营业利润 × （1 － 实际税率）

综上所述，EVA 就是从"企业通过事业产生的盈利"中减去"资金提供者期待的盈利"，根据最终的计算结果对盈利状况进行评价的指标。

因为 EVA 将意味着资本成本的 WACC 与每年的业绩管理结合到了一起，所以是以 WACC 为基础，对企业是否达到资金提供者期待的盈利状况进行评估的指标。

与同样以 WACC 为基础的 NPV、IRR 相比，它们之间有何不同呢？

对持续一定期间的项目进行评估时使用 NPV 和 IRR，对每年的业绩进行评估时使用 EVA。

此外，因为 EVA 的数值是以金额来进行计算的，因此不但能够把握投资效率，还能把握成长规模，是非常优秀的综合评价指标。

早在 20 世纪 70 年代就有一部分企业采用了和 EVA 相类似的指标，到了 20 世纪 80 年代，美国的管理顾问公司思腾思特注册了 EVA 的商标，并将其推广到许多企业中。

日本也在 20 世纪 90 年代末期导入了 EVA，但由于作为 EVA 计算基础的 WACC 难以在企业内部渗透等原因，导致真正采用这个指标的企业并不多。

不过，家庭用品和化妆品行业的著名企业花王，在过去的 20 年来一直将 EVA 作为评价指标，在信息通信、护理和医疗领域开展事业的HOYA 采用了 SVA（Shareholder's Value Added：股东附加值），前文中提到的婴儿用品著名企业贝亲则采用了 PVA，这些都是与 EVA 基本相同的评价指标。

那么，要想提高 EVA 的话应该怎么做呢？根据其计算公式 EVA ＝NOPAT －（Debt ＋ Equity）× WACC 来看的话，应该采取以下的措施：

提高 NOPAT、削减（Debt ＋ Equity）、降低 WACC。

提高 NOPAT，关键在于提高营业利润和合理避税。
削减（Debt ＋ Equity），关键在于削减持有的资产。
降低 WACC，关键在于提高贷款和公司债券在资本成本中的比率。
综上所述，通过提高营业利润、合理避税、压缩资产、适当利用贷款和公司债券，就能提高 EVA。

EVA 与前文中介绍过的 ROIC 也有非常密切的联系。ROIC 是利润与投入资本（Debt ＋ Equity）之间的比率。
只要将 ROIC 与 EVA 的计算公式稍微转变一下，就能看出两者的关系。首先，ROIC 的计算公式如下：

$$\text{ROIC} = \frac{\text{NOPAT}}{\text{Debt} + \text{Equity}}$$

将上述公式变形，能够得到以下的公式：

$$\text{NOPAT} = \text{ROIC} \times (\text{Debt} + \text{Equity})$$

$$= \frac{\text{NOPAT}}{\text{Debt} + \text{Equity}} \times (\text{Debt} + \text{Equity})$$

用这个公式将 EVA 的计算公式进行分解。

$$\text{EVA} = \text{NOPAT} - (\text{Debt} + \text{Equity}) \times \text{WACC}$$

$$= \frac{\text{NOPAT}}{\text{Debt} + \text{Equity}} \times (\text{Debt} + \text{Equity})$$

$$- (\text{Debt} + \text{Equity}) \times \text{WACC}$$

$$= (\text{Debt} + \text{Equity}) \times \left(\frac{\text{NOPAT}}{\text{Debt} + \text{Equity}} - \text{WACC} \right)$$

$$= (\text{Debt} + \text{Equity}) \times (\text{ROIC} - \text{WACC})$$

通过上述公式可以看出，在 ROIC 大于 WACC 的情况下，Debt ＋ Equity 越大 EVA 的值越高，反之在 ROIC 小于 WACC 的情况下，Debt ＋ Equity 越小，负值越少。

也就是说，企业应该根据 ROIC 与 WACC 之间的关系，来调整投入的资金金额。比如在 ROIC 大于 WACC 的情况下增加投资金额，在 ROIC 小于 WACC 的情况下则应该减少投资金额。

由此可见，ROIC 是 EVA 的核心要素。

EVA 可以看作是以 ROIC 为基础，对事业进行评估、为判断提供依据的评价指标。

像上面那样将 EVA 进行分解之后，可以发现其主要有营业利润、税金、Debt ＋ Equity 以及 WACC 等要素组成。

其中营业利润又可以分解为营业收入、成本、营业费用和一般管理费，Debt ＋ Equity 可以分解为营运资本与固定资本。但因为这些要素与具体的现场活动没有直接的联系，所以还需要设定更加具体的评价指标，比如想提高营业收入的话，可以将增加新顾客数量、增加现有顾客的回购率、提高顾客满意度等设定为评价指标来进行管理。这样的评价指标被称为**价值动因**。

价值动因与 BSC 的评价指标有很多重合的地方，因此也可以当作KPI 使用。

目前导入 EVA 的企业并不多。但从根据 WACC 和企业价值选择KPI 的意义上来说，EVA 的思考方法今后还有很大的应用空间。

案 例

欧姆龙的 KPI

欧姆龙

欧姆龙将提高企业价值、为社会做出贡献作为自己的经营方针，业务范围涵盖传感器、控制装置、电子零件、车载零件、健康护理等多个领域，业绩也顺利增长。

欧姆龙的业绩之所以顺利增长，是因为其设定了明确的财务目标，以及便于现场理解和执行的 KPI。

首先来看欧姆龙的整体财务目标。欧姆龙在 2019 年 3 月期的时候，提出了 2020 年度需要达成的 6 个财务目标。

欧姆龙的财务目标

营业收入	10,000 亿日元
营业利润率	41% 以上
营业利润	1,000 亿日元
ROIC	10% 以上
ROE	10% 以上
EPS	300 日元以上

通过上述表格可以看出，与成长相关的目标、与投资效率相关的 ROIC 和 ROE、与收益性相关的营业利润率和营业利润等都是优良企业比较青睐的财务目标。除了上述目标之外还加上与股东价值相关的 EPS。

其中最核心的目标是 ROIC，ROIC 可以分解为 ROS（Return On Sales：销售回报率）和投入资本周转率，这两个指标又可以进一步分解为改善动因的营业毛利率、营运资本周转率等 7 个财务数值。

这些财务数值可以分解为重点产业营业收入、自动化率、不动存货月数、设备运转率等很容易被现场理解和执行的 12 个 KPI。这种将 ROIC 进行 3 阶段分解的方法被称为逆 ROIC 树。通过逆 ROIC 树，企业可以将提高 ROIC 的方法与现场状况直接地联系起来。

逆 ROIC 树

KPI	改善动因		
重点产业营业收入 新商品营业收入 销售价格控制 变动成本率 失败成本率	营业毛利率 附加价值率	ROS	ROIC
人均生产数量 自动化率	生产固定成本率		
人工成本率	营业费用和 一般管理费率 研究开发费率		
存货月数 不动存货月数 债权 / 债务月数	营运资本周转率	投入资本 周转率	
设备周转率 (1/N 自动化率)	固定资产周转率		

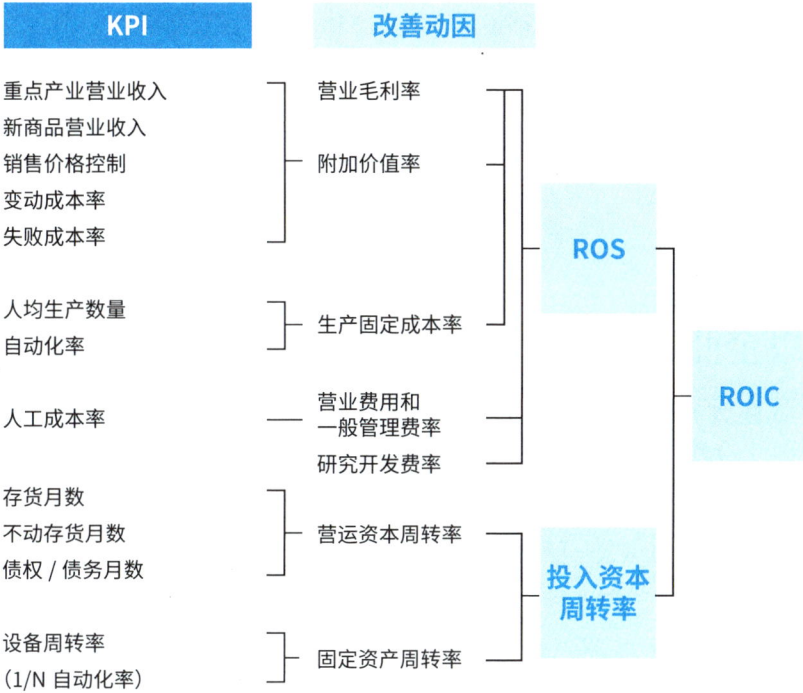

出处: 欧姆龙联合报告 2018。

　　此外，欧姆龙还将 ROIC 翻译成了更通俗易懂的内容，比如将分母中必要的经营资源和闲置的经营资源区分开，将分子替换为"我们提供给顾客的价值"。这样一来，即便是平时对财务报表不太熟悉的开发和营业部门的人，也知道为了提高 ROIC，自己应该做些什么。

　　欧姆龙还从可持续发展的角度出发，设定了与之相关的非财务目标。比如每年销售血压计 2,500 万个，每年销售哮喘检测器与吸入剂 765 万个等。这些产品的利润并不高，但对社会的贡献度比较高。还有人才管理、海外重点地区的本地化比率在 2/3

以上，女性管理者比率达到（日本国内）8%，新产品安全评估实施率达到 100%，通过普及电子体温计和电子血压计每年减少水银的使用量 69 吨等，都设定了相应的 KPI。

由此可见，欧姆龙堪称一家充分利用 KPI 的企业。

以企业整体财务目标为基础，
就能找出适合自己部门的 KPI

事业部部长田边在看完社长室室长大野发来的邮件之后，终于搞清楚了 KPI 是怎么一回事。

因为企业的财务目标是提高营业收入和 ROIC，那么田边所在的事业部也要以此为基础设定 KPI。为了达到财务目标，关键在于开拓新顾客、提高现有顾客的营业收入、削减成本、提高制造部门的生产效率、减少不良品。

从这个角度来看的话，新顾客数量、营业收入增长率、人均生产效率、不良品率等都可以作为 KPI 的备选项。

心里有了主意之后，田边打算以此为基础，召开部门成员开会讨论一下。

总 结

▶ KPI 是 Key Performance Indicator 首字母的缩写，翻译过来叫作关键绩效指标。这是对企业的业绩目标的达成情况进行评估的重要指标，除了财务指标之外，还包括那些表示能够实现财务目标的重要流程状况的指标。

▶ KPI 的指标应该与企业整体的目标和方向相一致，在设定具体的数值目标时，最好设定在"有实现的可能，但比较困难"的程度，这样更有利于取得成果。

▶ BSC（平衡记分卡）是一种用于实现战略与理念的经营管理制度。具体来说就是以企业理念和战略为出发点，通过财务、顾客、内部运营和学习与成长这 4 个要素设定具体的战略目标，以及与战略目标相关的评价指标，根据数值的水准与变化情况对理念和战略的达成状况进行管理。

▶ BSC 的评价指标被认为是 KPI 的基础之一，在以战略为中心设定 KPI 的时候，可以将 BSC 作为思考的基础。

▶ EVA（经济附加值）是计算企业通过事业产生的盈利与股东、银行、公司债券持有者等资金提供者期待的盈利水准相比超过多少，以此对业绩进行评估的指标。

▶ 将 EVA 分解后会发现其与 ROIC 之间具有很深的联系，在实际应用中可以将其进一步分解为 KPI 和价值动因。在以企业价值为中心设置 KPI 的情况下，可以考虑将 EVA 作为评估指标。

上架建议：畅销｜经管

ISBN 978-7-5699-4935-3

绿色印刷产品

时代荟聚经典
好书与你相伴

9 787569 949353 >

定价：98.00元